EL MASAJE TAILANDÉS

Enrico Corsi

EL MASAJE TAILANDÉS

Traducción de Juana Bignozzi

Si usted desea que le mantengamos informado de nuestras publicaciones, sólo tiene que remitirnos su nombre y dirección, indicando qué temas le interesan, y gustosamente complaceremos su petición.

Ediciones Robinbook
información bibliográfica
Industria 11 (Pol. Ind. Buvisa)
08329 - Teià (Barcelona)
e-mail: info@robinbook.com

www.robinbook.com

Título original: *Il vero massagio terapeutico thailandese.*

Diseño cubierta: Regina Richling.
Fotografías cubierta e interior: Italo Bertolasi.
Compaginación: MC producció editorial.
ISBN: 84-7927-645-2.
Depósito legal: B-25.597-2003.
Impreso por A & M Gràfic, Pol. La Florida-Arpesa,
08130 Sta. Perpètua de Mogoda.

En Siam, las personas que enferman
dejan que alguien hábil en el arte
«caminarles encima» trate su cuerpo.

SIMON DE LA LOUBÈRE, 1690
dignatario francés en
la Corte Real de Siam,
en la actualidad Tailandia

Agradecimientos

El autor agradece vivamente a quienes han brindado su propia colaboración, directa e indirecta, para la realización de este libro: sus maestros Kannika Piyapong, Chintana Nopparit, Sakun Natasen y Porntida Tumnok; las modelos que aparecen en el texto, Cristiana De Cesare y Lisa Dominique Ronan; la doctora Flavia Fincato por la consulta médica; el Studio fotografico 2D, Giulia Della Tommasa y el Centro Benessere Naturale ON, el Atelier della Bellezza, el Centro Staffini por el vestuario, Anna Buono, Irene Mioni, Cristina Rold, Ambra Ventura y Emanuela Agostinelli.

Un agradecimiento especial a Lidia Gentili. Gracias de corazón a mis padres Elena y Mario, así como a Dolphy, por su ayuda y estímulo.

Introducción

El masaje tailandés, aunque es un refinado instrumento terapéutico, posee extraordinarias dosis de simplicidad y de intuición que lo hacen accesible para todos. En efecto, su aprendizaje no requiere especialización ni formación específica alguna.

En la explicación de las técnicas del masaje tailandés he utilizado un lenguaje simple para que puedan acceder con facilidad a la verdadera esencia de esta terapia tanto los masajistas profesionales, como los fisioterapeutas, los preparadores atléticos y los simples aficionados. Pero no debe olvidarse que el masaje se aprende a través de la práctica, el «sentir», la percepción corporal más que del «pensar», de la comprensión de los conceptos.

He tratado de exponer las técnicas del masaje thai de la manera más analítica, insistiendo en los aspectos más difíciles de comprender.

Sin alejarme en absoluto del planteo original de las técnicas, cuando era necesario quise dar una versión «occidentalizada» y usé recursos que respondían a las diferentes estructuras corporales de las poblaciones occidentales.

Entre el centenar de técnicas existentes he seleccionado las más fáciles de aprender y de practicar. Pero el número de ejercicios propuestos resulta más que suficiente para permitirle desarrollar un tratamiento completo y satisfactorio.

En la redacción de este libro en todo momento me ha acompañado la conciencia de las incomparables cualidades del masaje thai y el vivo deseo de difundir el conocimiento y la práctica en un público vasto y heterogéneo.

Su pasión y su entusiasmo transformarán mis indicaciones en amor por el masaje y en verdadero dominio de sus técnicas.

Enrico Corsi

LOS PRINCIPIOS DEL MASAJE TAILANDÉS

Una terapia antiquísima

El masaje tradicional tailandés o thai hunde sus raíces en épocas muy remotas. No existe una documentación escrita, pero algunos hallazgos que han sobrevivido a los siglos y una tradición oral antiquísima hacen pensar que los orígenes del masaje thai se remontan a hace 2.500 años.

Entre historia y leyenda

La leyenda dice que el fundador del masaje tailandés fue Jivaka Kumar Bhaccha, a quien los tailandeses afectuosamente llaman «papá doctor». Jivaka Kumar Bhaccha, amigo personal de Buda y, al igual que su maestro, era originario de la parte norte del subcontinente indio. Es presumible que haya acompañado a Buda en las peregrinaciones que el maestro emprendió para difundir sus enseñanzas.

Al viajar observó y estudió las diferentes tradiciones médicas de las poblaciones visitadas y, en especial, profundizó el conocimiento de la medicina ayurvédica, que ya se usaba en la India hacía varios siglos. El conjunto de las nociones que adquirió lo llevó a la elaboración de una técnica terapéutica compuesta, en esencia, del masaje y algunos preparados de hierbas.

El origen ayurvédico

El origen ayurvédico del masaje thai es más o menos evidente. En efecto, algunos técnicos hacen que el paciente adopte posiciones muy similares, cuando no idénticas, a las utilizadas en el hatha yoga, que es parte integrante de la antigua medicina ayurvédica. La semejanza entre las dos disciplinas es tan evidente que algunos terapeutas occidentales presentan el masaje thai también como «masaje yoga».

En la actualidad no es fácil comprender las razones que han llevado a la difusión de esta práctica ayurvédica en Tailandia y a su extinción en la India. La hipótesis más verosímil está relacionada con los hechos religiosos que se produjeron en esa parte del mundo. En efecto, el masaje se transmitía junto con la enseñanza religiosa y se practicaba en los sagrados recintos de los templos budistas.

Las religiones, por naturaleza, tienden a conservar usos, costumbres y tradiciones, y es probable que este fenómeno de conservación haya incluido al masaje tailandés. El masaje tailandés, que la tradición budista conservó en Tailandia (país en el cual el budismo tiene un profundo arraigo), desapareció en la India, donde, sobre todo el hinduismo y, probablemente, también al islam, no veían con buenos ojos una disciplina vinculada a un credo religioso diferente (en la India la población budista es inferior al 2 % de los habitantes).

Masaje tailandés y medicina china

Algunas teorías sostienen que el masaje thai deriva de la medicina china. En efecto, algunos de los instrumentos terapéuticos que usa la medicina china, como la acupuntura, la reflexología podal, el tui na y el shiatsu (sobre cuyos orígenes chinos no parecen existir dudas), se basan en los mismos principios que el masaje thai; los meridianos tratados son los mismos, los principios de reflejo o de reequilibrio energético son similares.

Pero existen diferencias sustanciales en la manipulación y, en especial, en las modalidades de intervención terapéutica. Los chinos miran con horror sobre todo la aproximación que se hace entre sus artes «sutiles» y otras prácticas consideradas demasiado «materiales». Ya se sabe que las antiguas culturas asiáticas son extremadamente celosas y orgullosas de su identidad histórica para compartir sus orígenes con otras entidades civilizadas.

De hecho, en el templo de Wat Po, en Bangkok, existen los restos más antiguos sobre el mapa de los meridianos del cuerpo humano. Se trata de frisos en los que está representado de modo esquemático el despliegue de las líneas de energía.

En este templo también existen antiguos textos en pali y algunas estatuas que representan el masaje thai.

Un arte con raíces profundas

Quizá no sea tan importante ubicar históricamente ésta y otras formas de terapia. Tal vez es posible plantear la hipótesis de que todas las antiguas artes manuales orientales tengan sus raíces lejanas en el Tíbet. Se supone que de allí provienen los principios teóricos y los contenidos a partir de los cuales diferentes culturas han desarrollado diferentes estilos y concepciones.

En ningún país existe un arraigo tan profundo del masaje como en Tailandia. En las familias el masaje es, con toda probabilidad, el instrumento terapéutico más difundido y a menudo las técnicas se transmiten de generación en generación. Por las calles de Bangkok es frecuente encontrar novios que se intercambian afectuosos masajes en las manos o en el cuello. Hasta los «full body massage» o masajes eróticos de tan mala fama, por los cuales, desgraciadamente, es internacionalmente conocido este país, confirman la acusada actitud de este pueblo para interpretar en sentido masoterapéutico los diferentes expresiones de contacto físico.

Las dos escuelas principales

Existen dos escuelas principales de masaje en Tailandia que dan origen a sendos estilos: la escuela de Wat Po, en Bangkok (estilo del sur) y la del Hospital Tradicional Tailandés de Chiang Mai (estilo del norte). Las diferencias entre los dos no son sustanciales y la mayor parte de las técnicas y de las secuencias son casi idénticas.

En el del sur hay un mayor énfasis en el trabajo de digitopresión, mientras que en el del norte se observa una variedad superior de movilización. Pero en toda Tailandia es fácil encontrar ligeras variantes de la manipulación que no modifican en modo alguno los principios y los objetivos terapéuticos generales.

Las técnicas expuestas en este libro se inspiran, en esencia, en las secuencias de la escuela de Wat Po. Se han completado con algunas manipulaciones que se usan en el estilo de Chiang Mai que, además de ser especialmente eficaces, son también más fáciles de realizar por parte del estudiante que las correspondientes de la escuela de Wat Po.

Entre Oriente y Occidente

La teoría del masaje tailandés: meridianos y circulación de la energía

Varias disciplinas de origen oriental tienen su fundamento teórico en la existencia de los meridianos que, en la medicina tailandesa, se denominan sen.

Según esta teoría, a través de la respiración entra en el cuerpo humano una energía que lo mantiene con vida. En la India esta energía se llama *prana*, en China *chi*, en Japón *ki*. El concepto occidental más cercano a esta entidad es el «alma» o mejor «espíritu», aunque en nuestra cultura estos términos asumen connotaciones religiosas.

La energía se difunde por el cuerpo por los canales llamados «meridianos». La libre circulación de la energía es esencial para el bienestar de los órganos que, gracias a ella, se regeneran y están en condiciones de reaccionar ante las agresiones patológicas.

Cuando un meridiano funciona mal se crea un bloqueo energético que debilita los órganos relacionados con él. Este bloqueo puede deberse a causas físicas (dolores, traumas, etc.) o psicológicas (estrés, tensiones emotivas, etc.).

Debe recordarse que el término estrés deriva del verbo inglés «to stress» que significa «tirar», según esta teoría, cuando el corazón, o sea, la parte más profunda de nosotros, «tira» hacia un lado, y la mente, es decir, nuestro componente más racional «tira» en el sentido contrario, se produce un estrangulamiento del flujo energético en zonas y órganos del cuerpo que cada individuo somatiza de manera diferente. El masaje tradicional tailandés se propone, con sus múltiples manipulaciones, reactivar el flujo energético en los canales de deslizamiento, lo que potencia la capacidad de autocuración del cuerpo.

A esta altura es necesario recordar que la existencia de la energía y de los meridianos no está científicamente demostrada. No obstante es posible practicar el masaje thai aun prescindiendo de una postura «fideísta» respecto de las teorías que lo sustentan. En efecto, las manipulaciones de esta terapia, independientemente de cualquier consideración, muestran una indiscutible eficacia de carácter terapéutico.

Las presiones y las digitopresiones aplicadas en el masaje reactivan el circuito venoso y el linfático, con lo que cumplen una eficaz acción de «despegue» de la musculatura, aportan una sensible mejora del tejido conectivo y drenan los líquidos retenidos.

Además, los estiramientos y las movilizaciones relajan los músculos y optimizan tanto los movimientos articulares, como la postura.

El estiramiento muscular hace que los tendones actúen mejor sobre las articulaciones y las junturas óseas, con lo que se favorece la asimilación del calcio.

El efecto «mecánico» de las manipulaciones por sí solo puede convencer de la eficacia del masaje. Pero es posible preguntarse si los beneficios que procuran las técnicas de manipulación basadas en las teorías del flujo energético no tienen, en realidad, explicaciones científicas plausibles. Corresponde al lector formarse una idea al respecto.

Si este tipo de terapia se practica con regularidad es posible desarrollar una sensibilidad que permita individualizar los puntos reflejos y de bloqueo energético mediante un simple contacto físico. Es una experiencia común a varios terapeutas, pero como otras muchas experiencias, sigue siendo un patrimonio personal que no puede compartirse ni explicarse a otros. Los lectores que tengan la paciencia necesaria para aprender este masaje y la constancia de practicarlo largo tiempo llegarán a percibir este fenómeno.

Masaje tailandés y posiciones de yoga

Quien tenga un mínimo conocimiento del hatha yoga podrá comprobar que los ejercicios de estiramiento del masaje thai son idénticos a las asanas (posiciones) del yoga. A esto se añade que algunos principios teóricos en los que se basa el masaje thai corresponden a los del hatha yoga.

En la concepción filosófica ayurvédica, la energía (prana) discurre a través de canales llamados nadi y la práctica de las asanas favorece el deslizamiento del prana por todo el cuerpo. Los ejercicios de estiramiento del masaje refuerzan el desbloqueo del flujo energético que determinan las manipulaciones practicadas sobre los meridianos. La acción sinérgica de los estiramientos y las manipulaciones es evidente en especial en algunas secuencias del masaje en los que las presiones y las digitopresiones se aplican sobre una parte del cuerpo durante su extensión.

La gran intuición de Jivaka Kumar Bhacca, fundador del masaje thai, fue la de desarrollar técnicas que hacen adoptar al paciente posiciones de yoga.

Mediante el masaje thai, quien no tenga familiaridad alguna con el yoga podrá obtener muchos de sus reconocidos beneficios.

También, quien practique el hatha yoga podrá apreciar el hecho de que, con la ayuda de un terapeuta de masaje thai, puede adoptar posiciones de yoga que de otro modo no alcanzaría.

Con el yoga, el cuerpo vuelve a adquirir una postura y una actitud más correctas, o sea, un equilibrio y una simetría mayores entre sus partes. De esta manera se crean las condiciones para un flujo energético óptimo.

Por las razones que acaban de expresarse es evidente que el masaje thai puede considerarse a todos los efectos una rama de la medicina ayurvédica.

Pragmatismo oriental y racionalidad occidental

En Occidente a menudo quien entra en contacto con los conceptos de energía, meridianos y chakra, asume una actitud «mística» frente a estas teorías: quien se ha formado en la escuela del pensamiento racional y científico puede sentirse inclinado a dar significados esotéricos a todo lo que no entra en su horizonte cultural. En Tailandia, nadie, y mucho menos los maestros de masaje, asumen actitudes mistificadoras, sino más bien marcadas por un pragmatismo concreto.

Ninguno de los enseñantes que pueden encontrarse en este país ha manifestado la intención de interferir en el estado psíquico o espiritual de los pacientes.

A pesar de que la escuela más famosa de Tailandia se encuentre en un templo, nunca se dio al masaje un significado diferente del extremadamente terapéutico.

Por tanto, sería oportuno tratar de conservar el enfoque pragmático de estos maestros evitando las definiciones del masaje thai como «terapia del alma» o «manipulación de la energía cósmica para devolver el equilibrio y la conciencia de uno mismo». Estas definiciones sólo producen el efecto de incrementar el escepticismo hacia cualquier disciplina oriental.

En realidad, los principios fundamentales del masaje thai son extremadamente simples y su objetivo coincide con el de muchas prácticas naturópatas: ayudar al cuerpo a convertirse en curador de él mismo. En esta disciplina no existen sofisticadas alquimias ni elaboradas disquisiciones teóricas.

La práctica constante y su sensibilidad lo ayudarán a interpretar las señales que envía el cuerpo del paciente.

La observación atenta de los movimientos, las posturas, el estado muscular y articular y las contracciones involuntarias le permitirán evaluar los problemas y adoptar las secuencias más idóneas.

El masaje tailandés es bastante coreográfico y espectacular. Las posiciones y las técnicas utilizadas impresionan a cualquiera que tenga la oportunidad de asistir a un tratamiento. El terapeuta, durante su trabajo, adopta posiciones de estiramiento yoga de extraordinaria elegancia.

Cuando se trabaja en un paciente, la calidad del tratamiento depende también de las condiciones físicas del masajista. En efecto, cuanto más flexible es el terapeuta en los movimientos, mayor será su sensibilidad operativa.

Si continúa la práctica del masaje a lo largo de los años, el terapeuta mejorará sensiblemente sus condiciones físicas y atléticas, con lo que tendrá la posibilidad de transmitir su mejor estado de salud a los pacientes. Con el masaje thai las condiciones de bienestar del masajista y del paciente tienen la posibilidad de crecer potencialmente cada vez más.

El masaje tailandés para la prevención y la curación

La medicina tailandesa, como otras medicinas orientales, tiene una visión holística del cuerpo y resalta mucho la prevención. Sus técnicas no sólo son un válido instrumento de curación, sino también un medio extraordinario para prevenir las patologías.

En la práctica del masaje nos daremos cuenta de que a los pacientes en buenas condiciones físicas les agrada un tratamiento más bien enérgico, en cambio, quien no esté en condiciones satisfactorias, es probable que prefiera un tratamiento más suave. Al someterse a una serie continua de masajes, el cuerpo del paciente se acostumbrará a las manipulaciones, mejorará la capacidad de estiramiento de los músculos y disminuirá la sensibilidad al dolor. Es la señal que indica que el cuerpo ha identificado los beneficios que proporciona el tratamiento y los usa para que las sensaciones que se advierten puedan resultar agradables. Aunque no se tenga la posibilidad de tratar a alguien durante un tiempo significativo, hay que recordar que una sola sesión, si está bien realizada, constituye una importante prevención.

Los beneficios del masaje

Con la edad, el cuerpo tiende a inclinarse hacia adelante, a perder flexibilidad, capacidad de movimiento y equilibrio.

El masaje thai es una técnica de extraordinaria eficacia para contrarrestar y retardar la aparición de tales procesos.

Mejoramiento de la postura

Con el masaje thai las articulaciones sobre las que se practica la tracción de manera fluida y natural conservan su elasticidad y los huesos la capacidad de asimilar el calcio. Los músculos y tendones se estiran, aumentan su flexibilidad y se refuerzan.

Después de algunas sesiones, el paciente se dará cuenta de que su porte y su andar han mejorado y que realiza movimientos que antes le resultaban difíciles o imposibles. El riego sanguíneo provocado por los estiramientos regulariza la actividad de las glándulas.

Mejora de la funcionalidad del sistema nervioso, el circulatorio y el drenaje linfático

A menudo los meridianos se encuentran cerca de canales venosos y nerviosos. Cuando los meridianos se tratan con el masaje, estimulan estos canales para que funcionen correctamente.

Las presiones facilitan el retorno venoso y el drenaje linfático por lo que determinan apreciables resultados estéticos: piel más lisa y luminosa, reducción de la celulitis.

Entre otras cosas, las compresiones y las digitopresiones procuran el «despegue» de las fascias musculares y de las paredes óseas, lo que contribuye a recuperar la funcionalidad del tejido conectivo.

Relajación y bienestar general

El efecto distensivo que procura un tratamiento de masaje thai es muy profundo. La relajación de las tensiones y la corrección de los movimientos de las articulaciones disminuye la producción de adrenalina y reequilibra el sistema neurovegetativo, con lo que se elimina la causa más frecuente de fatiga física y mental. El cuerpo, por fin libre de estrés y toxinas, se ve invadido por una sensación de ligereza y bienestar.

Las lentas y rítmicas sensaciones de dolor «bueno» tienen un reflejo hipnótico que suaviza los estados de hiperactividad mental.

Para los que deseen recibir el masaje por el puro placer de relajarse, no existen límites para la frecuencia de los tratamientos. Aunque sea uno diario, no presenta contraindicaciones.

La curación de trastornos específicos

El masaje tailandés, al actuar sobre las líneas energéticas y sobre los puntos reflejos, actúa positivamente de manera indirecta sobre muchos órganos internos. En cambio, interviene más directamente en muchas patologías que interesan al aparato locomotor:

- Dolores musculares debidos a contracturas, tensiones nerviosas y superposiciones;
- dolores articulares provocados por posturas y movimientos incorrectos, artrosis, artritis o periartritis;
- deformaciones de la columna vertebral como lordosis, cifosis y escoliosis;
- neuralgias;
- insomnio;
- insuficiencia circulatoria;
- celulitis.

La acción que el masaje thai ejerce sobre estos trastornos es tanto preventiva como curativa, en ambos casos es necesario que el paciente se someta a una serie continuada de tratamientos. No es posible establecer a priori cuántas intervenciones serán necesarias.

Por lo general, son suficientes dos o tres tratamientos semanales. Algunas molestias menores pueden mejorar sensiblemente después de un solo tratamiento.

En el caso de un trastorno de mayor entidad es aconsejable someter al paciente a uno o dos tratamientos semanales.

Si el masaje se realiza como terapia preventiva es oportuno repetirlo cada tres o cuatro semanas.

Contraindicaciones y precauciones

Al dominar las técnicas que se exponen en este libro poseerá todos los instrumentos para masajear al paciente en profundidad. Por eso es importante que use todo su sentido común para evaluarse y sobre cómo intervenir.

En líneas generales nunca se debe practicar el masaje en caso de:

- Hipertensión arterial;
- trastornos cardiacos, presencia de marcapasos o *by-pass*;
- osteoporosis o fracturas no calcificadas;
- embarazo;
- patologías discales graves con posibles hernias.

Además:

- No trate las partes del cuerpo que hayan sido operadas menos de un año antes o en las que haya placas metálicas o prótesis;
- no manipule directamente las venas varicosas;
- no efectúe paradas circulatorias durante el ciclo menstrual o en caso de presión arterial elevada;
- no trabaje directamente sobre heridas, rasguños o irritaciones cutáneas;
- no masajee las partes musculares inflamadas.

Se encontrarán otras contraindicaciones y recomendaciones en las partes de comentario insertas en los capítulos relativos a cada uno de los ejercicios.

El dolor muscular

Es posible, en especial después del primer tratamiento, que algunos pacientes adviertan un estado de dolor muscular. Esto depende de que el masaje haya estimulado el funcionamiento de algunas partes del cuerpo que hacía tiempo que estaban escasamente ejercitadas. Aunque el dolor muscular posterior al masaje no sólo es normal, sino que en general es índice de un beneficio, a veces se puede prevenir. Para ese fin deben usar toda la capacidad de observación para evaluar si el paciente presenta condiciones de rigidez tales como para poder reaccionar al masaje con síntomas de dolor. En ese caso, adviértale de la posibilidad de que pueda sentir un dolor quizá no muy molesto que sólo durará 1 o 2 días.

Cómo recibir el masaje

Si se excluyen los casos indicados sobre las contraindicaciones del capítulo anterior, todos pueden recibir el masaje tailandés.

Lo importante es abandonarse

Quien se apreste a recibir un tratamiento debe disponerse a abandonarse pasivamente a la acción del terapeuta.

Durante los ejercicios muchas personas tienden a contraer los músculos; alguno no logra relajarse ni aún intentándolo con empeño. Se trata de una defensa inconsciente del individuo que se refleja en las actitudes del cuerpo.

Aprender a bajar estas defensas se reflejará de manera positiva en el comportamiento cotidiano. En todo caso, hay que evitar hacer ejercicios en los que el paciente no logre relajarse.

Dolor sí, con tal de que sea «bueno»

El dolor es una sensación subjetiva. Cada uno percibe, asimila y describe el dolor de manera del todo personal.

Al usar las técnicas de este masaje tratará de llegar lo más cerca posible del punto en que el dolor resulta insoportable. Descubrirá que los límites de cada uno son bastante distintos y que las reacciones ante el dolor difieren en cada paciente. Para calibrar la energía de manera que placer y efectos terapéuticos del masaje puedan convivir, es necesario acumular varias horas de tratamiento. Para cada paciente existe un punto de equilibrio y su objetivo debe ser identificarlo. También el eventual dolor que el paciente percibe debería ser de tipo «bueno» o agradable de experimentar. Si el paciente siente un dolor intenso, significa que emplea demasiada energía o que está aplicando la técnica de manera incorrecta.

El terapeuta tiene la tarea de ayudar al paciente a predisponerse al tratamiento de la mejor manera que sea capaz. Debe infundirle confianza, explicarle las finalidades y modalidades de su intervención para lograr que colabore lo más posible.

El dolor será más agudo en las zonas que presentan trastornos o bloqueo energético.

La terapia nunca debe convertirse en una tortura. En todo momento hay que ser consciente de que se está masajeando a una persona que, como tal, merece gran respeto y atención.

El equipo necesario

El masaje debe realizarse en el suelo sobre una superficie blanda.

En Tailandia, tradicionalmente, se realiza sobre un colchón de lana o de algodón prensado apoyado en una estructura de madera elevada del suelo que se llama «tatami».

En cualquier caso, lo único de verdad importante es que el cuerpo se apoye sobre una superficie lo bastante blanda como para suavizar la energía utilizada en el masaje, pero no tanto como para hacerlo ineficaz. Son adecuados: colchonetas de gimnasio, acolchados, mantas, edredones, etcétera.

Es oportuno que las personas que reciben el masaje lleven ropa cómoda, de tejido ligero, que no le obstaculicen los movimientos.

Durante el tratamiento el paciente permanece generalmente vestido por los motivos siguientes:

- La tradición cultural tailandesa es más conservadora en cuanto a la «desnudez»;
- los músculos cubiertos mantienen mejor la temperatura corporal y no se ponen rígidos;
- como se trabaja en contacto directo con la piel, es posible que el sudor haga resbaladiza la parte que se trata o que debe asirse.

Sin embargo, si se considera que ninguna de las razones enumeradas puede afectar su trabajo y si el paciente está de acuerdo, puede efectuarse el tratamiento sobre el cuerpo total o parcialmente desnudo.

Pero no hay que olvidar que a veces permanecer vestido puede ayudar a la persona a sentirse más cómoda y relajarse más.

La temperatura de la habitación debe ser adecuadamente templada.

En caso de necesidad, el paciente puede llevar medias finas.

LAS TÉCNICAS BÁSICAS Y LA SECUENCIA COMPLETA DEL MASAJE

Las técnicas básicas

Asistir a un curso thai

Aunque en este libro se dedique un amplio espacio a la descripción de las técnicas es oportuno que asista a un curso, aunque sea breve, que imparta un maestro de masaje. Si no le es posible, trate al menos de hacerse uno o más tratamientos con un terapeuta thai calificado. Sólo así podrá entrar en el insólito universo de sensaciones y emociones que genera la práctica de este antiguo arte.

La postura del cuerpo del terapeuta

La eficacia de las técnicas del masaje thai está muy influida por la postura y el acercamiento que adopta el terapeuta durante los ejercicios.

En este libro se ha hecho un gran esfuerzo para explicar lo mejor posible la postura corpórea que el masajista debe adoptar en cada paso. Además del buen logro del tratamiento, la correcta postura del cuerpo permitirá al terapeuta no fatigarse ni hacer movimientos que puedan provocarle un daño. En líneas generales, el cuerpo debe posicionarse de manera que realice el menor esfuerzo muscular. La sensibilidad y la precisión de las manipulaciones aumentan cuanto más disminuye la carga muscular que se utiliza.

Trate de mantener su cuerpo en las condiciones más relajadas y naturales posibles.

En los ejercicios que lo permiten, mantenga los brazos estirados y los hombros relajados: facilitará el intercambio energético entre usted y la persona que manipula.

Presiones y digitopresiones

Presiones y digitopresiones permiten actuar directamente sobre las líneas energéticas.

Para ambas técnicas es aconsejable atenerse a las indicaciones siguientes.

- El tratamiento de una línea debe efectuarse hacia adelante y hacia atrás. En otras palabras, si se recorre una línea en una dirección (por ejemplo, desde el tobillo hasta la rodilla), es necesario recorrerla en sentido contrario (desde la rodilla hasta el tobillo).
- Las presiones deben realizarse ejerciendo la presión, palmo a palmo, en toda la línea a tratar.
- En cambio, no siempre es necesario y, desde luego, no siempre posible (por razones de tiempo) efectuar las digitopresiones presionando con el pulgar cada trozo de la línea. Se pueden distanciar los puntos de presión según la longitud de la línea: por ejemplo, en líneas cortas como las del pie, las digitopresiones pueden distanciarse 1 cm para llegar a un máximo de 3-4 cm en líneas más extensas como las de la espalda.
- En la realización de una secuencia de masaje estándar una línea se recorre hacia adelante y hacia atrás una sola vez. En el caso de que considere que una o más líneas necesitan un tratamiento ulterior (por ejemplo, en las curas de patologías), puede repetir las manipulaciones; sin embargo, es conveniente no recorrer la misma línea más de 3-4 veces.

Presiones

Por lo general, esta técnica se usa cuando se trabaja en superficies extensas (piernas, espalda, etc.) para desbloquear moderadamente las líneas energéticas. En la mayor parte de los casos las presiones se realizan después de las digitopresiones sobre las mismas líneas.

Cada presión se efectúa espirando lentamente y manteniendo la presión durante toda la espiración.

Es fundamental observar que las dos presiones que siguen (figs. 1 y 2) constituyen una secuencia completa que el terapeuta realiza desplazando su cuerpo hacia adelante y hacia atrás en un movimiento lento y rítmico a medida que recorre las líneas.

Con una mano

Apoye el carpo en la línea a tratar y, con el brazo bien estirado lleve el peso del cuerpo hacia adelante con los hombros relajados (fig. 1).

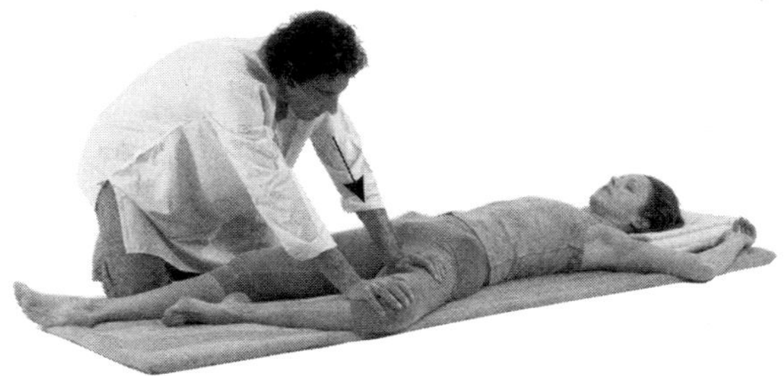

fig. 1

La fuerza de su presión dependerá del peso que pueda transferir a las manos al desplazarse hacia adelante. Regule la inclinación de su cuerpo de manera que la presión resulte eficaz, pero no excesiva.

Las presiones se realizan con un movimiento lento y rítmico, hacia adelante y hacia atrás, a medida que se desplaza a lo largo de la línea (fig. 2).

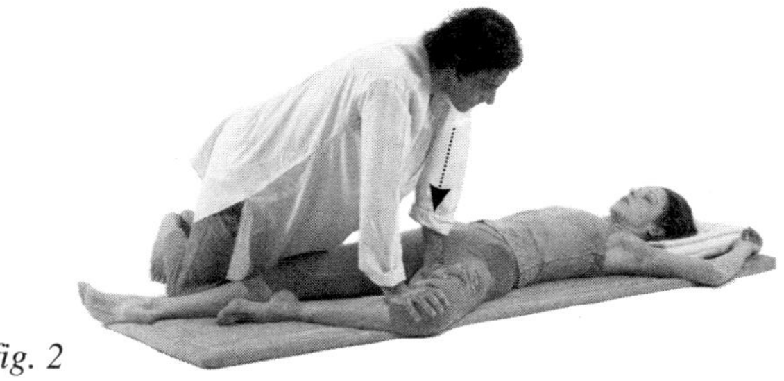

fig. 2

Con las manos superpuestas

Superponiendo las manos pueden efectuarse presiones que permiten transferir un peso mayor en la presión (fig. 3).

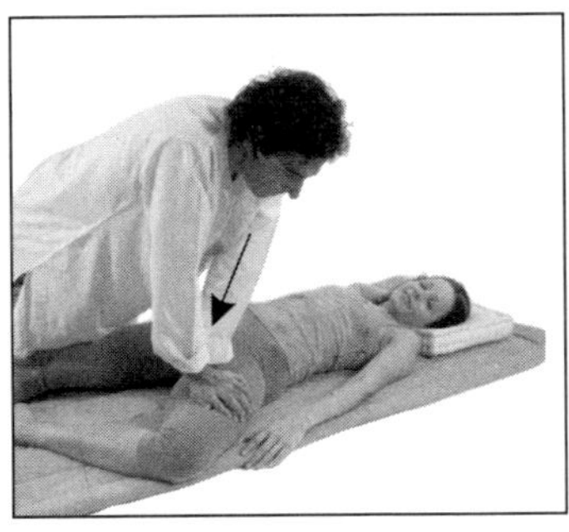

fig. 3

Manos en mariposa

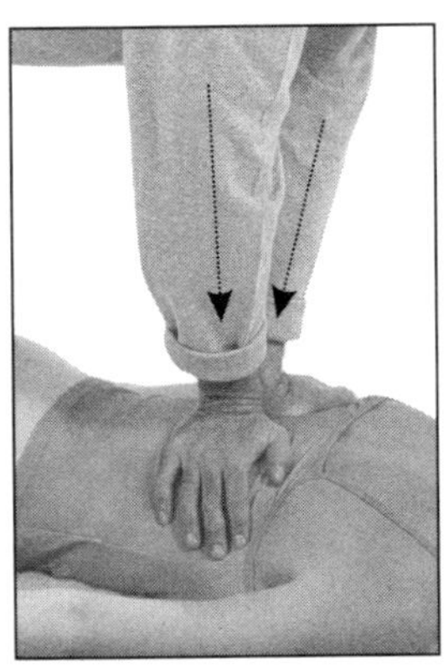

fig. 4

Esta técnica le permite trabajar en dos líneas paralelas utilizando una mano por línea (fig. 4).

Los dedos de las manos deben estar orientados en direcciones diametralmente contrarias.

Con el antebrazo

Aprovechando el peso del cuerpo, efectúe las presiones con la parte superior del antebrazo (fig. 5a). Al término de la presión, haga círculos con el brazo (fig. 5b).

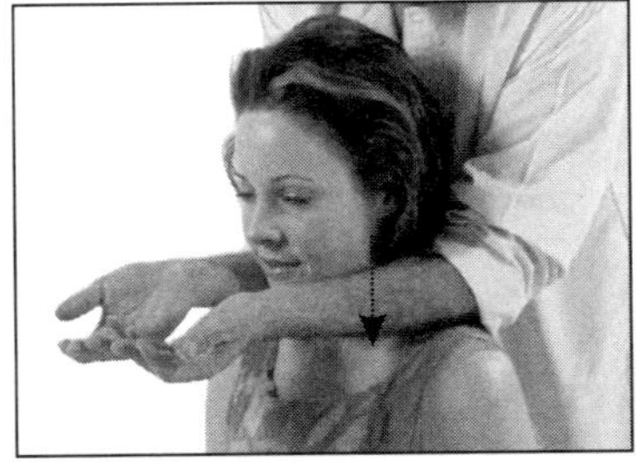

fig. 5 a

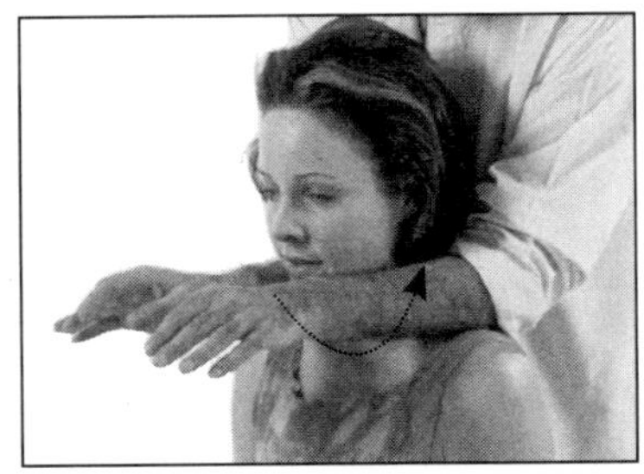

fig. 5 b

Con el pie

En la técnicas expuestas en este libro la presión con el pie se utiliza sólo en la parte posterior del muslo.

Tenga el pie como se indica en la figura 6. Mantenga la pierna bien estirada.

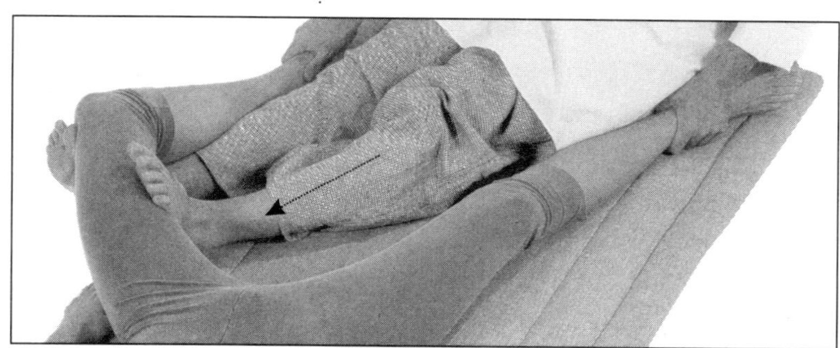

fig. 6

Digitopresiones

Esta técnica actúa sobre los meridianos en profundidad, desbloqueando el flujo energético.

Puesto que es una técnica muy «fuerte», hay que aplicarla con extrema precisión.

No trate de acercarse al límite que su paciente pueda soportar hasta no estar seguro de haber individualizado con exactitud las líneas a tratar. Con paciencia y ejercicio sabrá distinguir los puntos que debe presionar con los pulgares. Al practicar esta técnica ponga atención en usar la yema y no la punta del pulgar.

Con un pulgar

Apoye el pulgar en la línea a tratar y, con el brazo estirado, lleve hacia adelante el peso del cuerpo mientras espira (fig. 7).

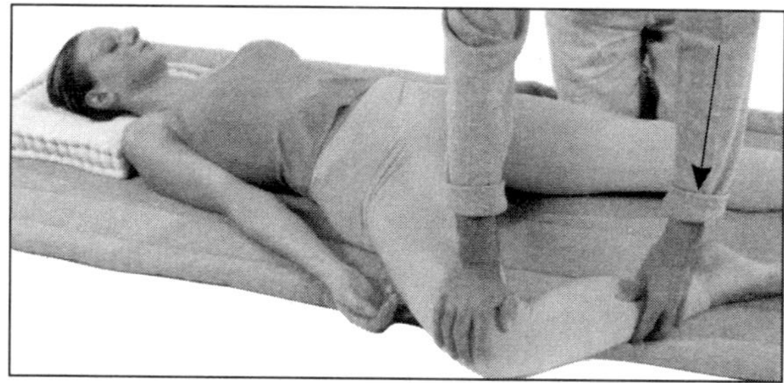

fig. 7

La fuerza de la presión depende de la cantidad del peso del cuerpo que transfiera al pulgar al desplazarse hacia adelante. Mantenga la presión durante toda la espiración.

Al igual que en la presión, repita los movimientos a lo largo de la línea, desplazándose hacia adelante y hacia atrás en cada presión.

Con los pulgares superpuestos

La superposición de los pulgares incrementa la presión que se ejerce. En efecto, el segundo pulgar suma su fuerza a la del primero (fig. 8).

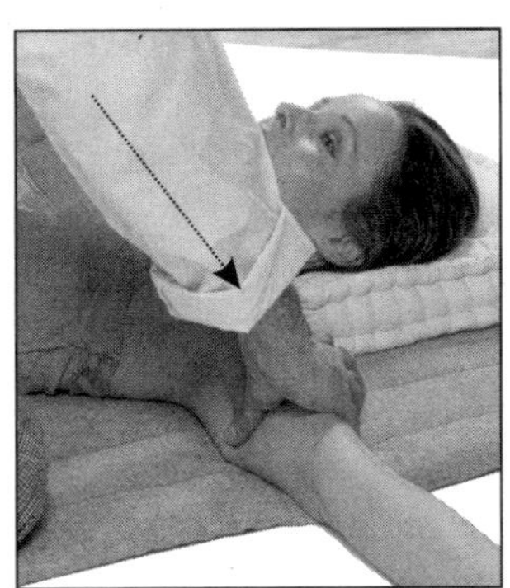

fig. 8

Asimiento

Cuando se efectúan estiramientos debe prestar atención a la manera de asir al paciente para salvaguardar la seguridad y la agradabilidad de la técnica.

De la muñeca

Durante los ejercicios, cuando se aferra la muñeca del paciente, éste, a su vez debe aferrar la suya (fig. 9). Esta precaución permite preservar la muñeca del paciente de posibles luxaciones y ejercer mayor control. El asimiento que realiza el paciente debe ser mucho más ligero; su brazo, su hombro y su cuello deben permanecer muy relajados.

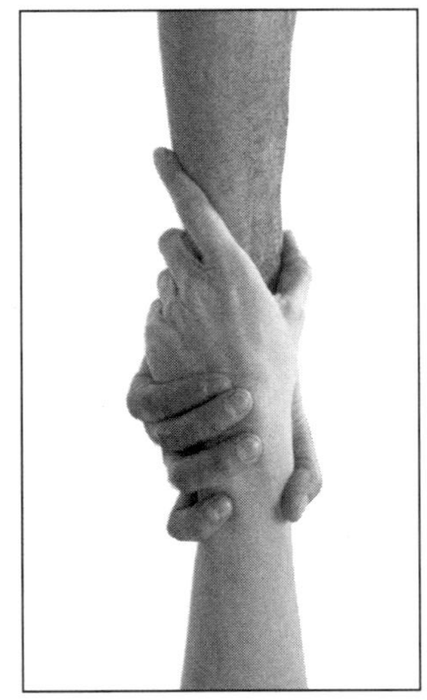

fig. 9

Del tobillo

El tobillo, según los casos, se aferra con una mano (figura 10) o con las dos (figura 11).

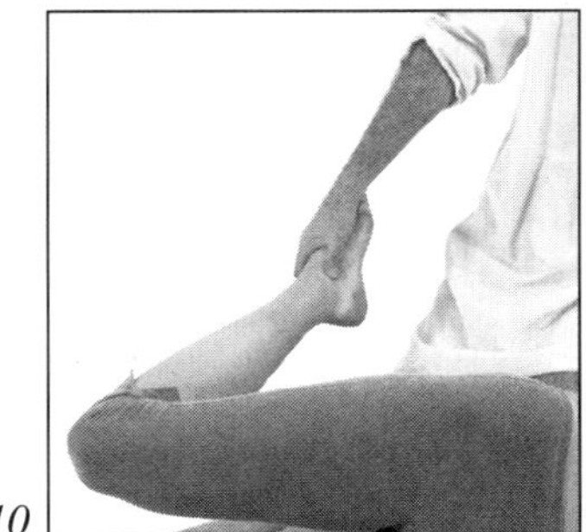

fig. 10

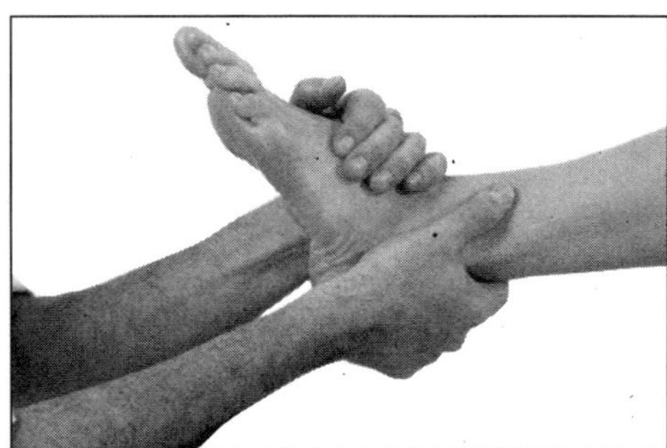

fig. 11

Palancas, estiramientos y contrapesos

El estiramiento muscular que produce el masaje tailandés es muy superior al que el paciente lograría practicando ejercicios. Pero es importante considerar que cada persona presenta diferentes condiciones de flexibilidad y que es oportuno no forzar las potencialidades existentes.

Al practicar el masaje adquirirá la sensibilidad necesaria para hacer tracción en el paciente apenas por debajo del límite que puede soportar. Más allá de ese umbral el paciente se contraerá y su acción será ineficaz o incluso dañina.

Los ejercicios de estiramiento deben realizarse con movimientos fluidos. La tensión que producen los ejercicios debe mantenerse algunos instantes y disminuirla poco a poco.

Colóquese de la mejor manera con el fin de que la energía necesaria para estirar los músculos provenga en lo posible del movimiento de su cuerpo más que de la contracción muscular de hombros y brazos. Esta actitud le permitirá no fatigarse y llevar a término el tratamiento en las mejores condiciones. Además, le posibilitará desarrollar una mayor sensibilidad operativa y entrar en profunda sintonía con el cuerpo del paciente.

Trate de desarrollar un movimiento de contrapeso con su paciente. De hecho, algunos ejercicios (ej.: páginas 138 y 162) se desarrollan necesariamente con la fuerza del contrapeso.

No repita el mismo movimiento de estiramiento más de 3-4 veces hasta que su experiencia le haga evaluar con seguridad la posibilidad de aumentar sin daño el número de veces.

El masaje tailandés, entre técnica y arte

En Tailandia una de las maneras de llamar al masaje thai es «danza alrededor del cuerpo».

Si se observa trabajar a un masajista experto es posible descubrir en las técnicas básicas movimientos de danza en la rítmica alternancia de las presiones, en la plasticidad de los estiramientos y en la elegancia de los movimientos.

Aunque la espectacularidad no sea lo esencial del masaje thai, la buena coordinación de los movimientos y la armonización de los desplazamientos entre una técnica y otra, proporcionará agradables connotaciones coreográficas, aunque involuntarias.

Glosario de términos técnicos

Los términos que se indican son los que usan los especialistas del sector.

Recolocación/realineación

Es la acción que tiende a recolocar una o más articulaciones en la posición correcta.

Crujido

Es el ruido que a veces puede advertirse durante la acción de recolocación/realineación, movimiento que produce el crujido es por lo general indoloro y forma parte de la acción terapéutica del masaje.

Hacer círculos/Arpear

Estos términos indican la acción de movimiento de la mano o de los dedos que, al final de la presión, se desplazan por un tendón o un músculo colocados junto a la línea que se está tratando. Los «círculos» se efectúan manteniendo la presión que se ejerce en la línea. «Arpear» tiene el mismo significado que «hacer círculos».

Puntos reflejos

Son los puntos a lo largo de las líneas de los pies y de las manos que, al recibir el estímulo de la presión, lo reflejan en los órganos internos correspondientes.

Partes/Tejidos blandos

Son las zonas blandas situadas entre dos fascias musculares o entre el músculo y la pared ósea. Contienen las líneas energéticas sobre cuyos puntos se ejercen las presiones y las digitopresiones.

Despegue

Es una separación parcial o total entre las diferentes fascias musculares y entre los músculos y los huesos que están junto a ellos. Se obtiene ejerciendo las presiones a lo largo de las líneas energéticas.

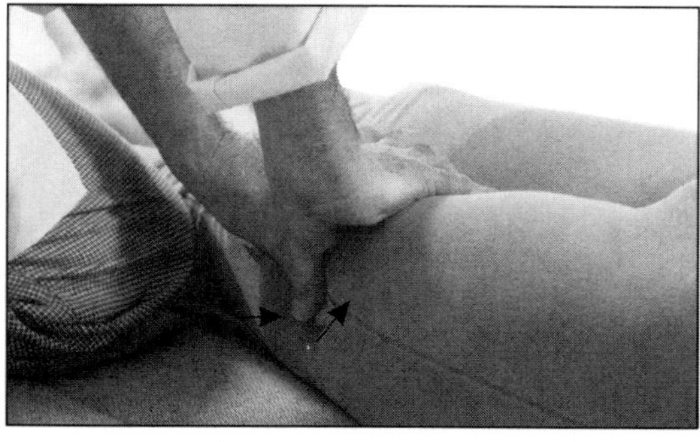

Ejemplo de círculos: los pulgares superpuestos, manteniendo la presión, pasan sobre los tendones en la dirección de la flecha «punteando» como se hace con la cuerda de la guitarra. El mismo movimiento, más amplio, se realiza sobre las fascias musculares.

Las posiciones del paciente para la secuencia completa del masaje

La secuencia completa del masaje implica que el paciente adopte seis posiciones diferentes en las cuales recibirá todos los tratamientos relativos en el orden indicado.

Posición supina 1

El paciente está estirado con la cabeza apoyada en un cojín. En algunos tratamientos de esta posición es necesario que una pierna del paciente esté flexionada (fig. 1).

Si la pierna no se apoya de manera natural, al menos en parte, en el suelo, puede colocarse un cojín entre la pierna y la esterilla (fig. 2) para evitar estirar excesivamente la ingle durante las presiones de las líneas internas de la pierna.

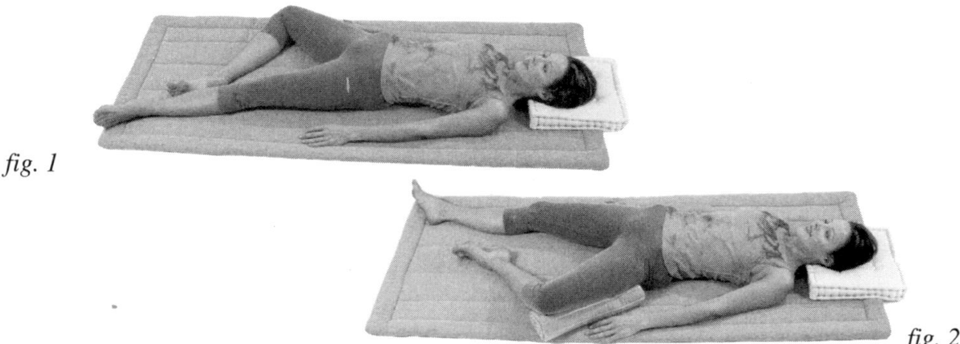
fig. 1

fig. 2

Posición de lado

El paciente se tumba sobre un lado.

La pierna del lado apoyado está estirada y la otra flexionada. El hombro apoyado en el suelo se coloca más atrás respecto del otro, de modo que el busto quede inclinado. Un cojín sostiene la cabeza para que el cuello no se flexione de manera no natural.

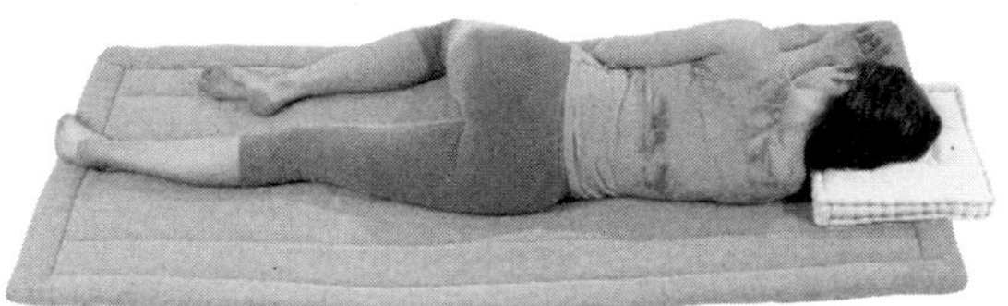

Posición prona

El paciente está cómodamente tendido sobre el vientre, pero la cabeza no se apoya en el cojín. De esta manera, en especial al actuar sobre la espalda, se evita ejercer una tracción incorrecta de la zona cervical.

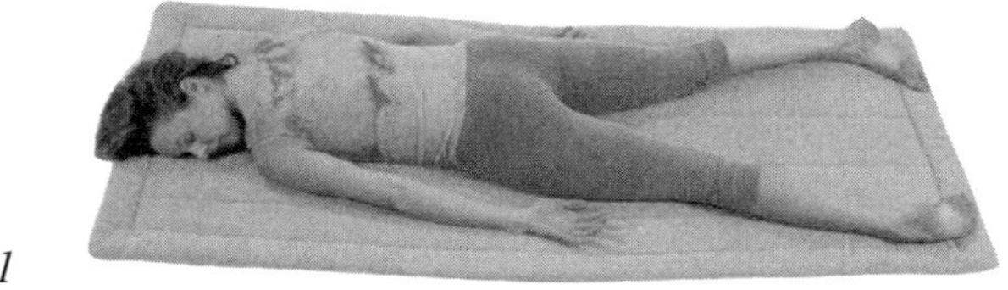
fig. 1

Los pies están girados hacia adentro para salvaguardar las rodillas durante las presiones y permitirle tratar las líneas de las piernas a lo largo del eje vertical (fig. 1).

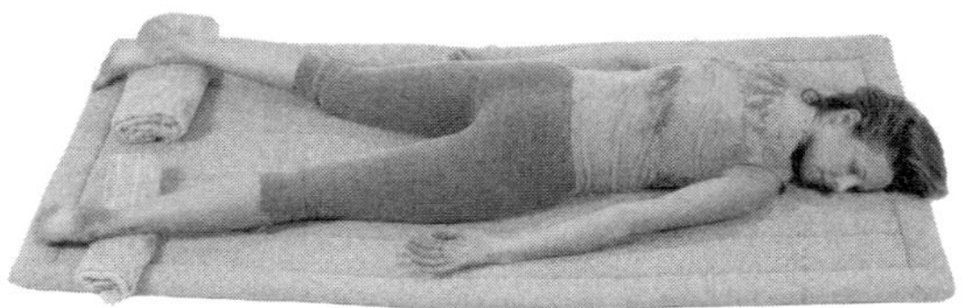

fig. 2

Si los tobillos del paciente presentan una evidente rigidez y no permiten girar los pies hacia adentro, es aconsejable colocarlos sobre un apoyo blando (fig. 2).

Posición supina 2

En esta posición, muy similar a la supina 1, descrita anteriormente, el paciente no debe utilizar el cojín.

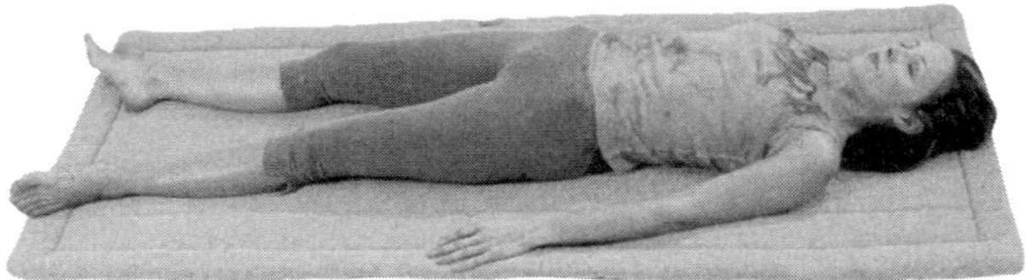

Posición sentada

Al realizar el último ejercicio de la posición supina 2 pasaremos nosotros mismos y el paciente, a adoptar esta posición.

Posición apoyada

El paciente se extiende con la cabeza apoyada en el cojín colocado sobre sus piernas cruzadas.

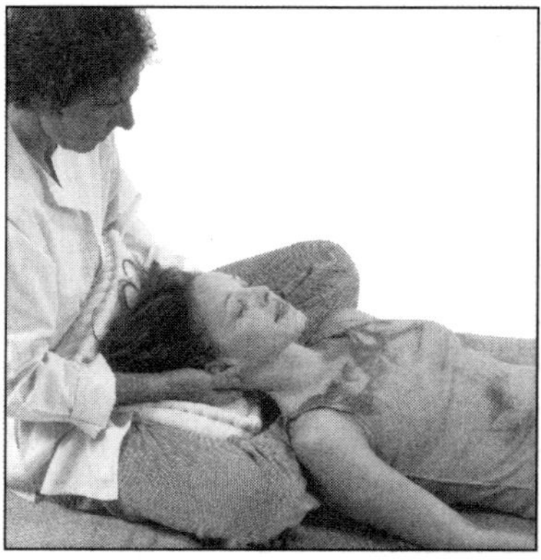

LA SECUENCIA COMPLETA DEL MASAJE

Posición supina 1

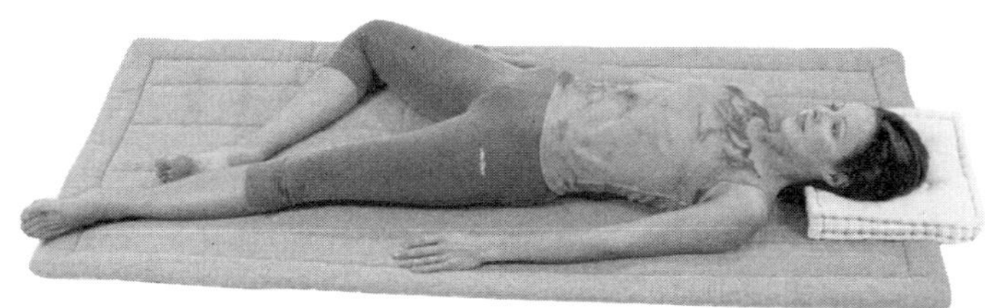

Líneas del pie
Líneas interiores de la pierna
Presión de la primera línea exterior de la pierna
Despegue dorsal del pie
Digitopresión de las líneas exteriores de la pierna
Presión exterior plegada
Torsión lumbar
Bicicleta
Windsurf
Palanca
Estiramiento del tobillo

Parada circulatoria de la pierna
Parada circulatoria del brazo
Líneas interiores del brazo
Línea exterior del brazo
Despegue del antebrazo y de la mano
Línea de los dedos
Crujido de los dedos
Palma de la mano
Tracción de la muñeca
Levantamiento

Líneas del pie

El tratamiento de esta área influye en la eficacia total del masaje. Una buena ejecución puede resultar determinante para la relajación del paciente.

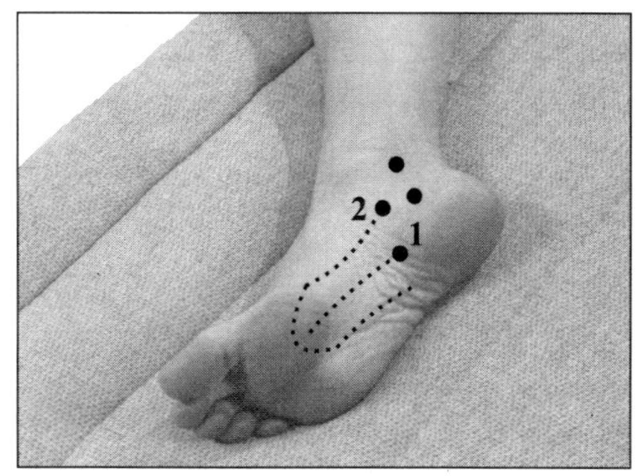

- *Arrodíllese al lado del paciente, con los brazos estirados y los pulgares superpuestos. Empiece a efectuar la digitopresión en el punto blando más próximo a la zona dura del talón, en la parte central de la planta del pie (fig. 1).*
- *Presione este punto durante 15-20 segundos. Continúe luego sobre esta línea mediana (primera línea) hasta llegar al punto blando más en la parte delantera del pie y vuelva hacia atrás.*

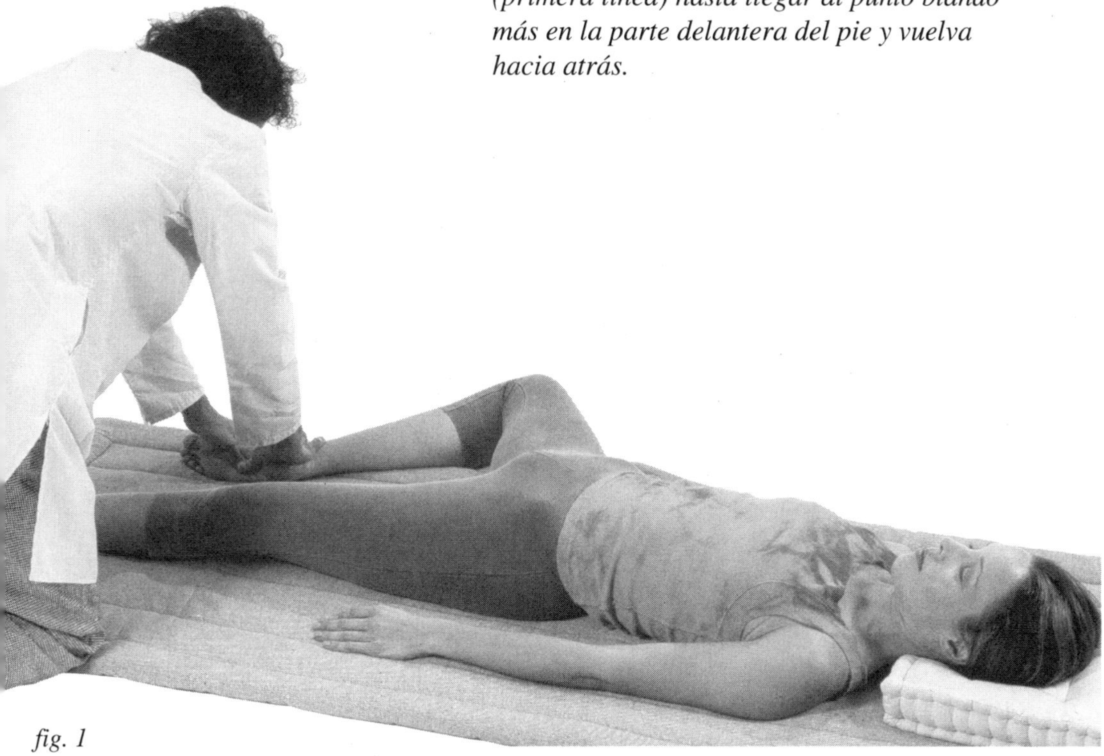

fig. 1

- *Efectúe la digitopresión en el perímetro, o segunda línea, de la planta del pie (fig. 2) partiendo de los tres puntos indicados en la parte lateral interna del pie y continúe sobre la base.*
- *Vuelva hacia atrás recorriendo todo el perímetro y los tres puntos iniciales.*

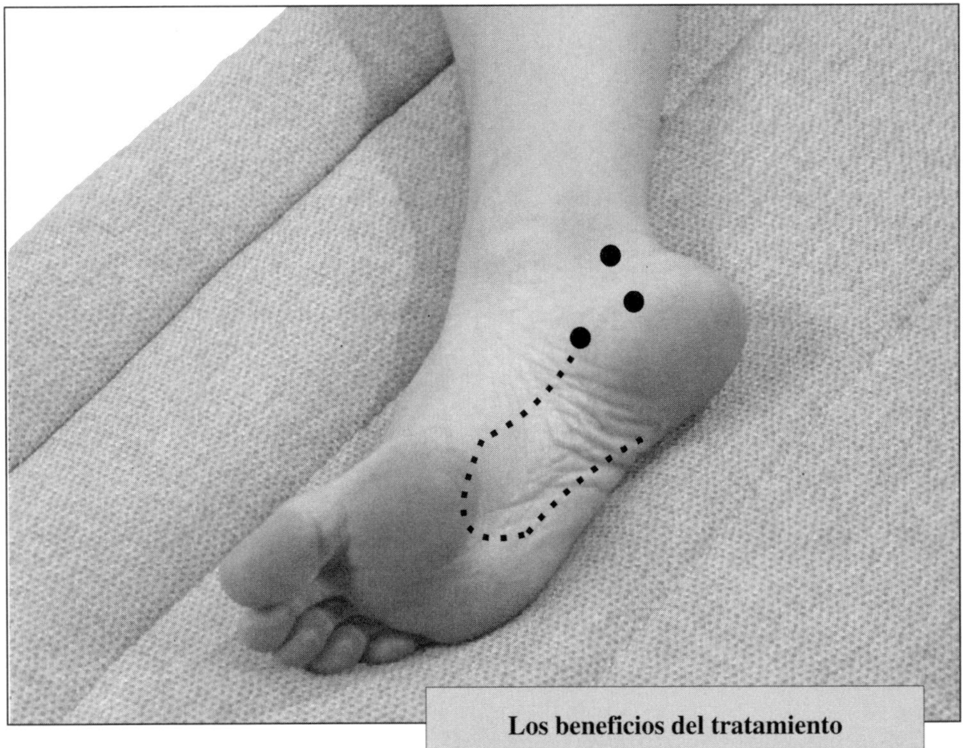

fig. 2

Los beneficios del tratamiento

- Es eficaz en caso de hinchazón, calambres y problemas circulatorios.
- Estimula los puntos reflejos del pie actuando positivamente sobre muchos órganos internos.

! Durante la realización de este ejercicio controle las reacciones del paciente, observe sus expresiones y evalúe su grado de sensibilidad al dolor.
La digitopresión debe efectuarse sólo sobre tejidos blandos. En el caso de advertir una evidente rigidez debajo de estos tejidos, es probable que su acción, si no se la calibra de manera oportuna, pueda resultar dolorosa.
Trate de no distanciar los puntos que presionará más de 1 cm el uno del otro.

Líneas interiores de la pierna

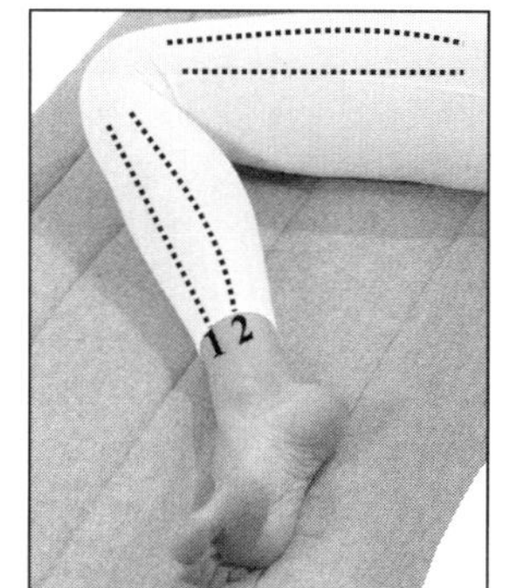

! La aplicación de esta técnica requiere toda su sensibilidad porque, en muchos casos, presión excesiva sobre estas líneas puede resultar dolorosa. Los puntos de presión a lo largo de las líneas no deben estar distanciados más de 2-3 cm.

- *Manteniendo la postura de la técnica precedente, apoye, sin apretar, la mano derecha sobre la rodilla del paciente y, con la izquierda, realice la digitopresión de la línea 1, que empieza unos centímetros por encima del maléolo y termina cerca de la rodilla (fig. 1).*
- *Vuelva hacia atrás.*
- *Esta línea se encuentra inmediatamente por debajo de la tibia, que rozará con el pulgar evitando comprimirla.*

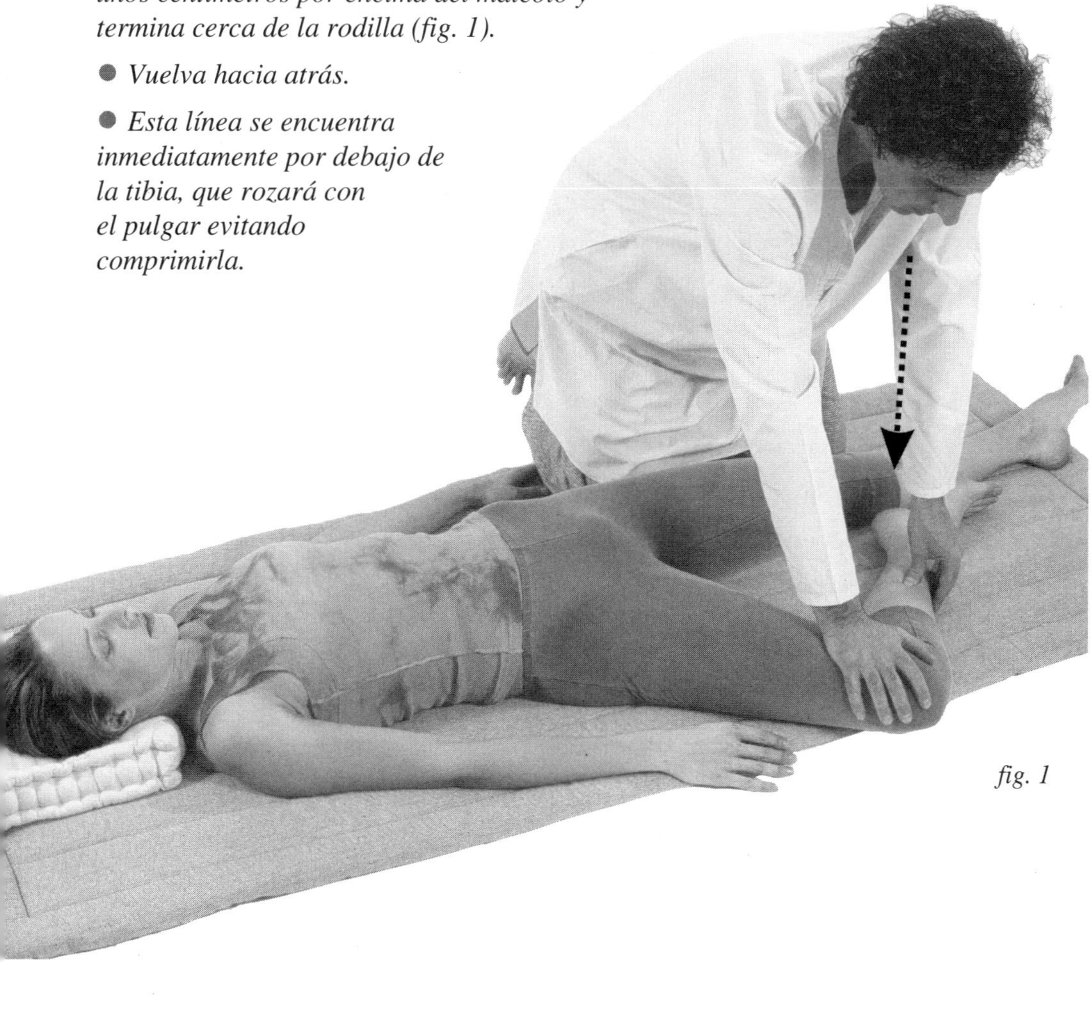

fig. 1

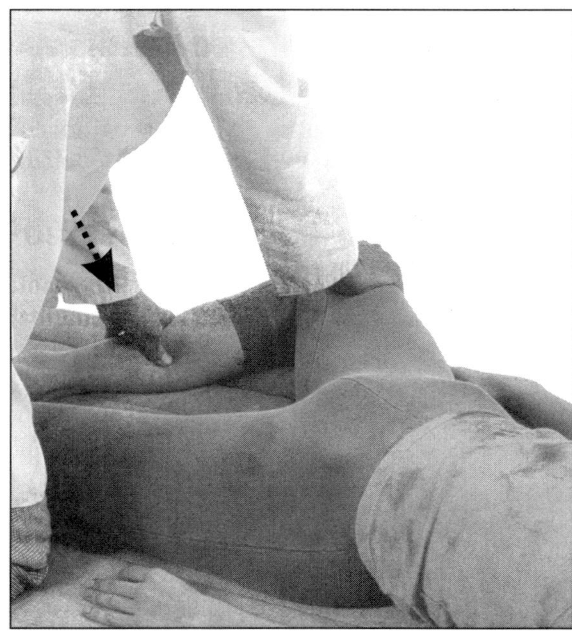

fig. 2

- *Partiendo de la zona próxima al pie, a 2-3 cm por debajo de la primera línea, efectúe la digitopresión de la línea 2 (fig. 2).*
- *Llegue cerca de la rodilla y vuelva hacia atrás.*

- *Efectúe la digitopresión de la línea 1 (fig. 3) y de la línea 2 (fig. 4), de la parte superior de la pierna, hacia adelante y hacia atrás, partiendo de la rodilla y llegando cerca de la ingle.*

fig. 3

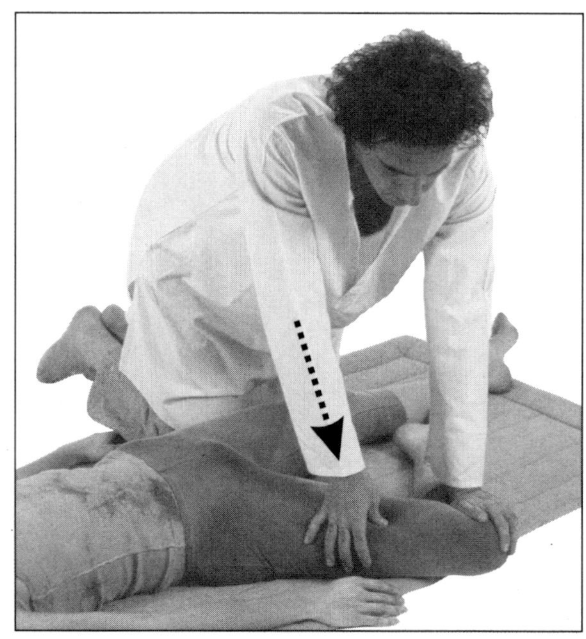

! Para reconocer mejor las líneas, palpe delicadamente la superficie de la pierna. Deberá lograr identificar los tejidos blandos existentes entre las paredes musculares. Para adquirir mayor seguridad, pruebe en la suya. En la parte superior de la pierna la distancia entre la línea 1 y la línea 2 es de unos 3-4 cm, pero, cerca de la rodilla por lo general es inferior.

fig. 4

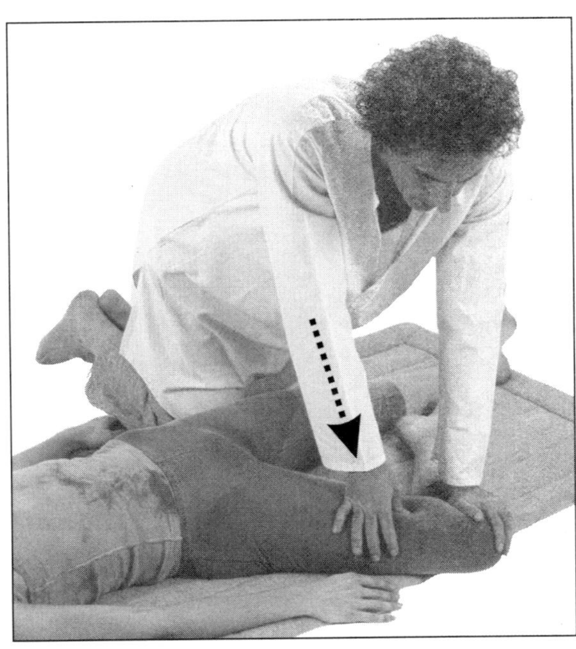

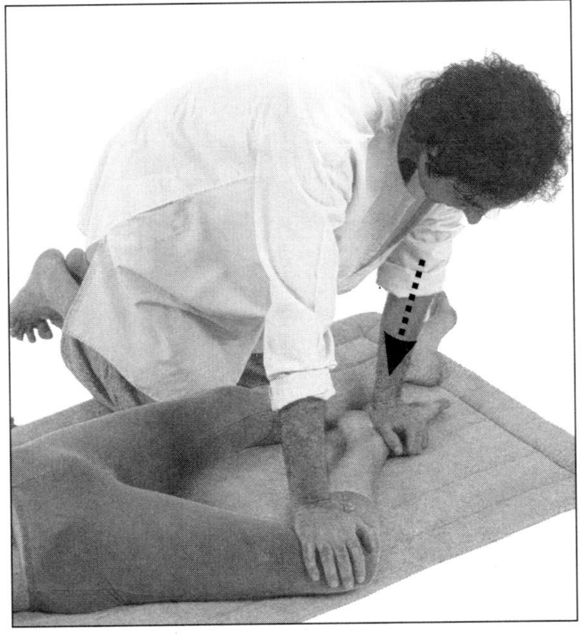

● *Apoye, sin apretar, la mano derecha en la rodilla y efectúe la presión palmar de toda la pierna. Empiece por el pie (fig. 5) y suba a lo largo de la pantorrilla utilizando la mano izquierda para presionar.*

fig. 5

- *Cerca de la rodilla, la mano izquierda se apoya en la rodilla sin presionar, y la derecha continúa la presión hasta casi la ingle (fig. 6).*
- *Vuelva hacia atrás.*

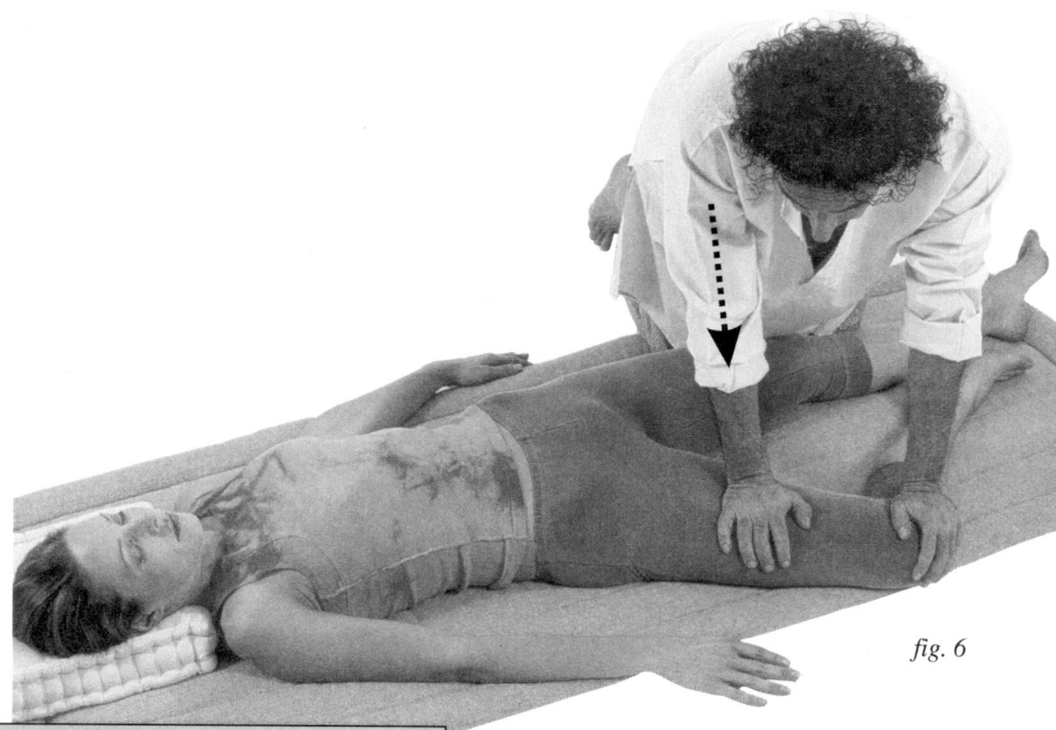

fig. 6

Los beneficios del tratamiento

- Reactiva la circulación venosa y previene la formación de venas varicosas.
- Drena profundamente el exceso de líquidos retenidos y reduce la eventual presencia de celulitis.
- Mejora la funcionalidad del tejido conectivo y alivia las hinchazones.
- Alivia los dolores articulares en la parte interior de la rodilla.

! Cuando trabaje las dos líneas en la parte superior de la pierna, desplácese ligeramente para tener una perspectiva más adecuada e invierta el orden de función de las manos.

Presión de la primera línea exterior de la pierna

La primera línea lateral se encuentra bajo la parte exterior de la tibia en la parte inferior de la pierna y en el centro de la misma en la parte superior.

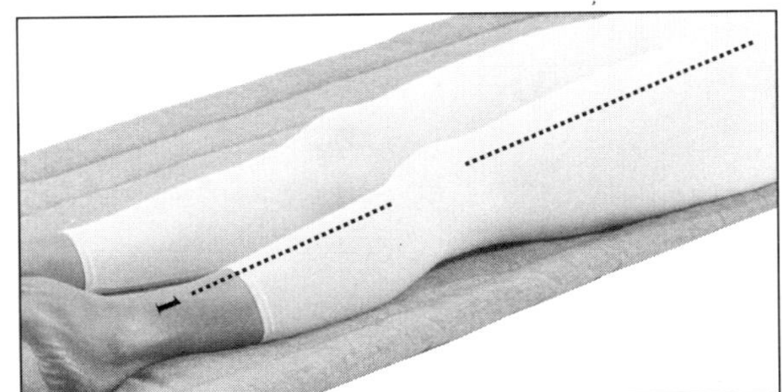

- *Permanezca en la postura precedente, abra un poco las piernas y extienda la pierna del paciente.*
- *Apoye la mano izquierda en la parte exterior del pie y llévelo con delicadeza en tracción hacia adentro. De esta manera, la línea a tratar se coloca perpendicular, lo que facilita su trabajo.*

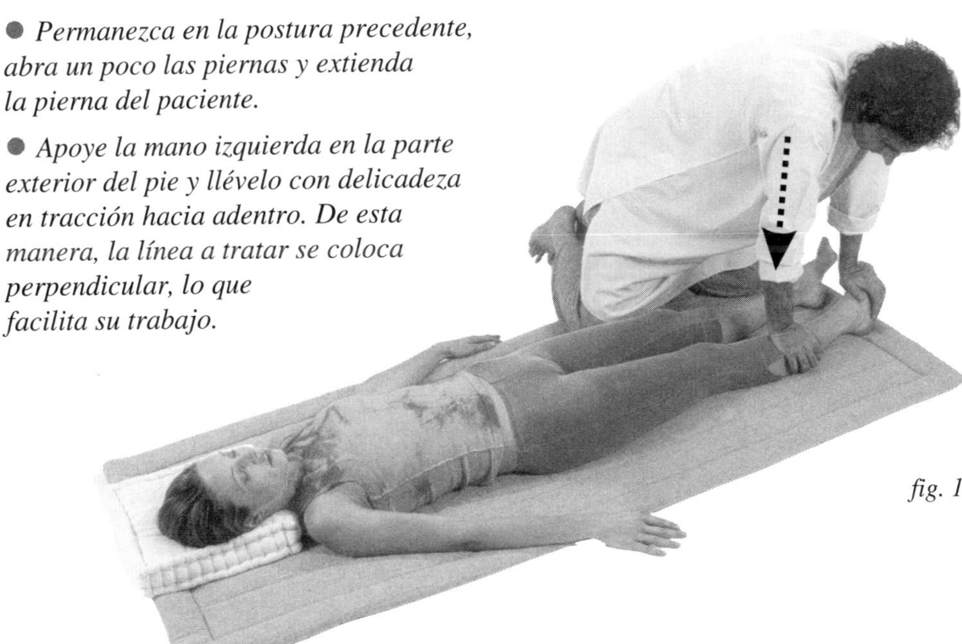

fig. 1

- *Efectúe la presión palmar de la parte inferior de la pierna poniendo atención en no comprimir la tibia (fig. 1).*

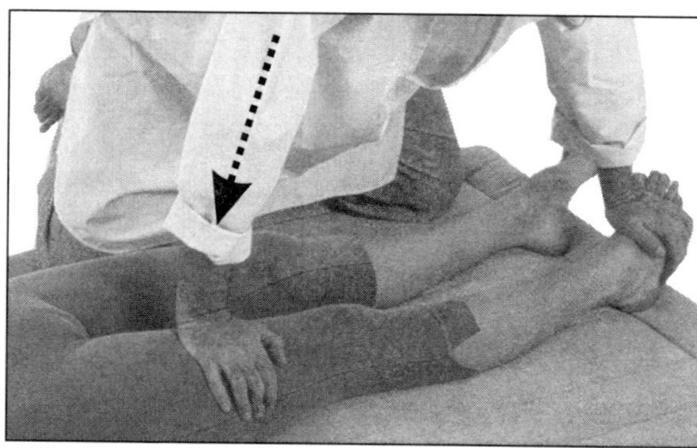

fig. 2

- *Continúe en la parte media del muslo (fig. 2) evitando comprimir la rodilla.*
- *Vuelva hacia atrás.*

! Asegúrese de que la torsión del tobillo no supere la capacidad de flexión del paciente.

Los beneficios del tratamiento

- Relaja el cuádriceps y el tibial anterior.
- Mejora la flexibilidad de la articulación del tobillo.

Despegue dorsal del pie

Por lo general es agradable recibir esta manipulación. Por eso, si el tiempo lo permite, conceda a su paciente algunos instantes de insólito placer sin apresurar la realización de esta técnica.

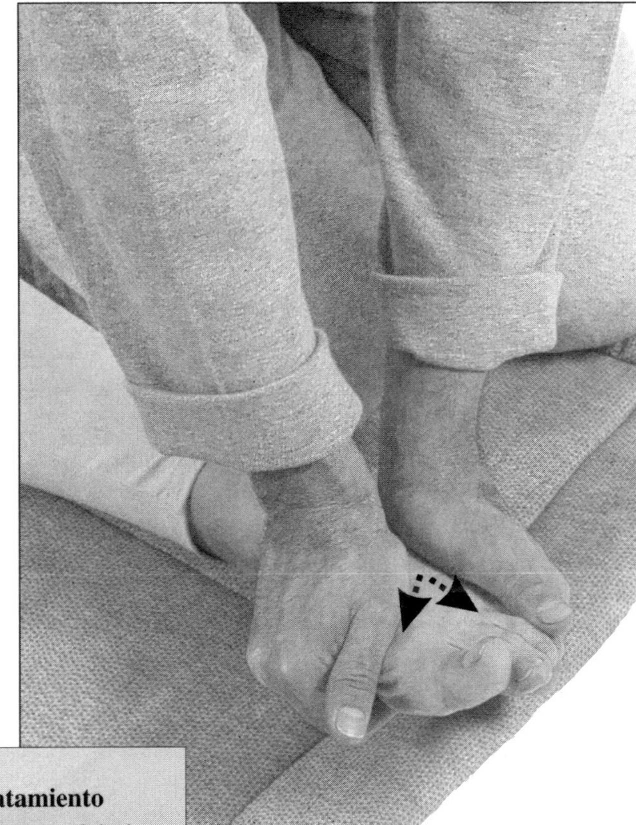

Los beneficios del tratamiento

- Reduce eventuales hinchazones del pie y relaja las tensiones de los tendones.
- Estimula gran número de puntos reflejos correspondientes a varios órganos internos.

- *Siéntese sobre los talones y aferre con ambas manos el pie izquierdo del paciente (empiece a trabajar sobre la pierna opuesta a la anterior).*
- *Usando la zona del carpo presione contra la parte superior del pie. Manteniendo la presión frote alternativamente las manos sobre el pie marcando rítmicamente su acción y recorriendo el pie varias veces, hacia arriba y hacia abajo.*

Digitopresión de las líneas exteriores de la pierna

● *Apoyando su rodilla contra el maléolo del paciente, haga girar el pie y la pierna hacia adentro con el fin de predisponer mejor la pierna para el trabajo que está realizando (fig. 1).*

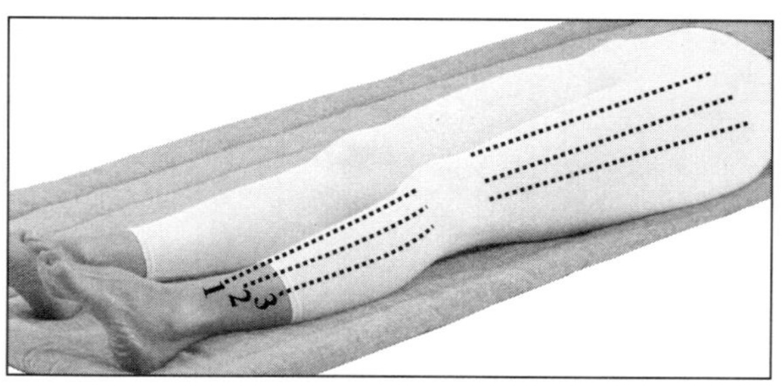

La cara exterior de la pierna presenta tres líneas. En la parte inferior, estas líneas están dispuestas como sigue:

● La primera se encuentra más o menos a 1 cm por debajo de la tibia;

● la segunda se encuentra a unos 2 cm por debajo de la primera en una evidente depresión evidente entre las fascias musculares;

● la tercera se encuentra más o menos a 2 cm por debajo de la segunda a lo largo de la parte inferior del tendón de Aquiles. Las primeras dos líneas empiezan cerca del maléolo. La tercera a 6-7 cm del maléolo. Las tres terminan cerca de la rodilla.

La distancia de los puntos de presión a lo largo de las líneas no debe ser superior a 2-3 cm.

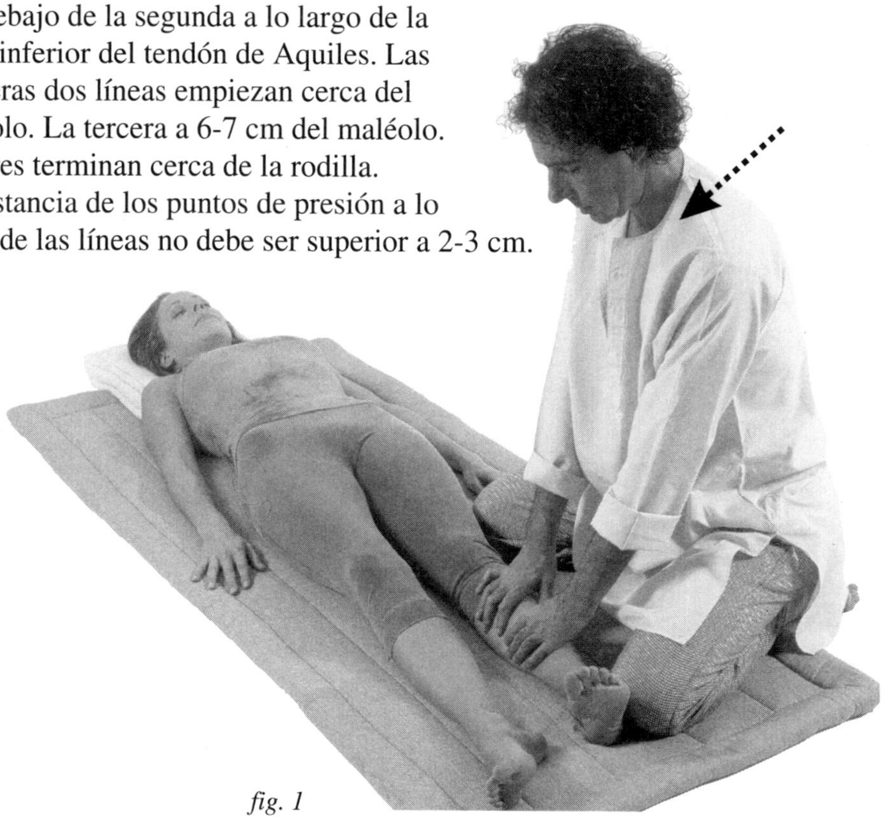

fig. 1

- *Manteniendo el busto elevado, efectúe la digitopresión de la primera línea con los pulgares superpuestos, hacia adelante y hacia atrás (fig. 2).*

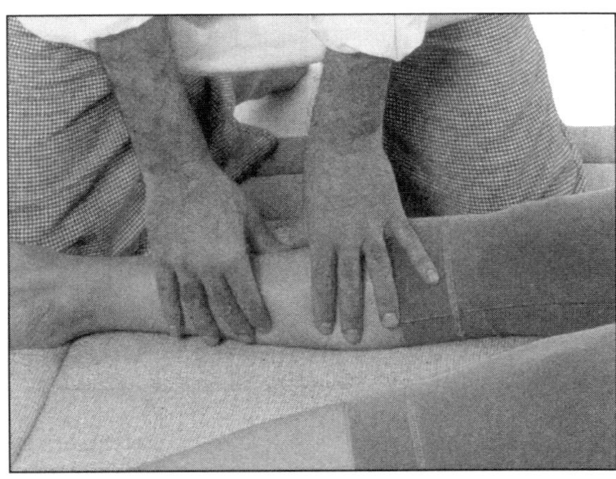

fig. 2

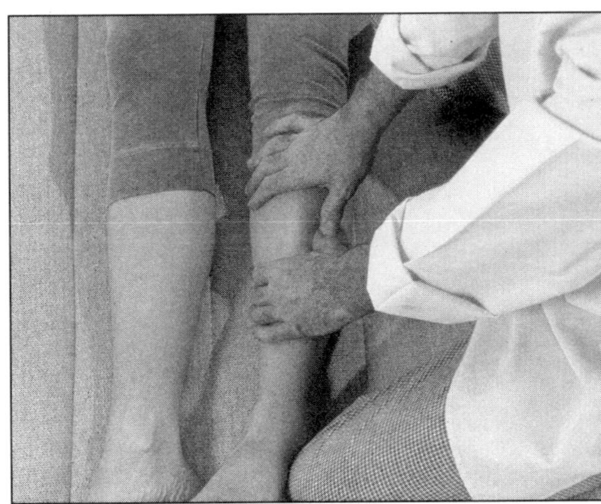

fig. 3

- *Para el tratamiento de la segunda y de la tercera líneas, mantenga los brazos extendidos y ayúdese con el busto flexionándolo hacia adelante para conferir mayor presión (fig. 1).*
- *Siéntese sobre los talones y efectúe la digitopresión de la segunda línea (fig. 3).*
- *Manteniendo la presión ruede, con los pulgares en la fascia muscular.*

- *Recorra la línea, hacia adelante y hacia atrás.*
- *Efectúe la digitopresión de la tercera línea (fig. 4), hacia adelante y hacia atrás.*
- *Mantenga la presión durante unos instantes y luego ruede delicadamente sobre el tendón.*

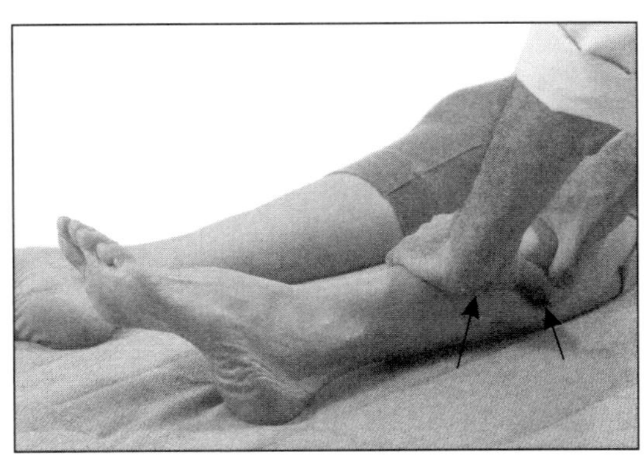

fig. 4

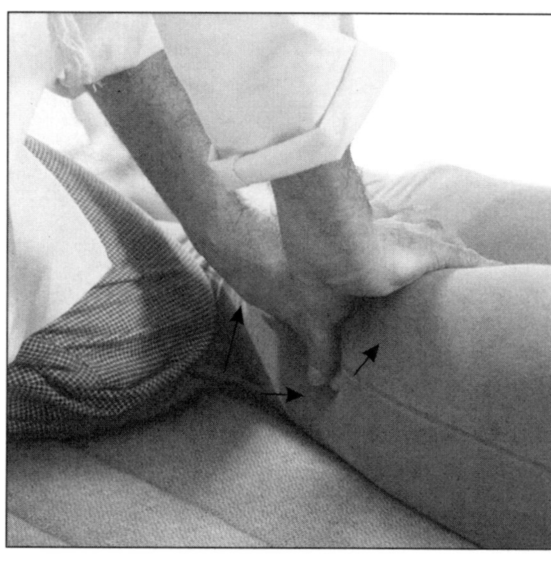

fig. 5

En la parte superior de la pierna las líneas (véase fig. de la página 62) están dispuestas como sigue:

- la primera se encuentra justo en el centro de la parte superior del muslo;
- la segunda y la tercera continúan idealmente el recorrido empezado en la parte inferior.

Las líneas empiezan cerca de la rodilla y terminan próximas a la cadera.

- *Apoyando su rodilla contra la del paciente (fig. 5), haga girar la pierna hacia adentro.*
- *Con el busto levantado, efectúe la digitopresión de la primera línea con los pulgares uno al lado del otro y paralelos (fig. 6).*
- *Recorra la línea hacia adelante y hacia atrás.*

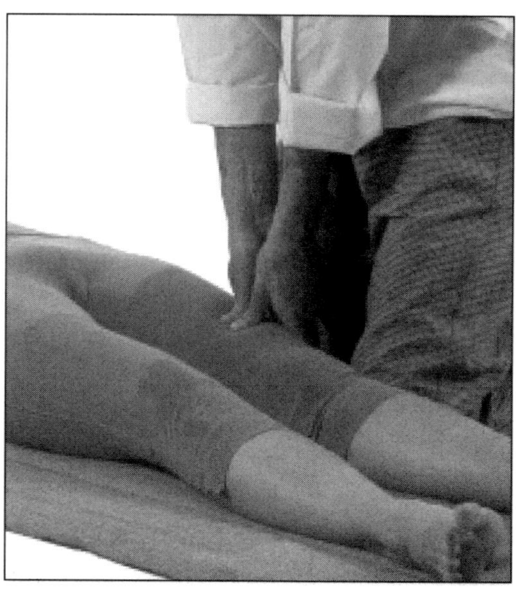

fig. 6

● *Siéntese sobre los talones y efectúe la digitopresión de la segunda (fig. 7) y de la tercera líneas (fig. 5) siguiendo las indicaciones relativas al tratamiento de las mismas dos líneas en la parte inferior de la pierna.*

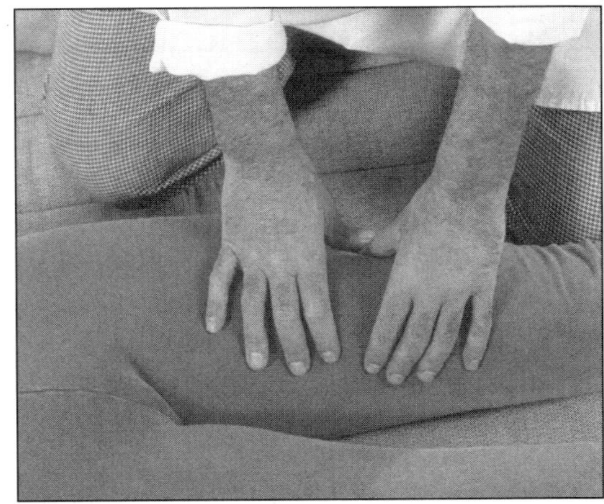

fig. 7

Los beneficios del tratamiento

- Produce una eficaz relajación y un profundo despegue de la musculatura.
- Está indicado en la cura de los dolores ciáticos.

Presión exterior plegada

Esta manipulación le permitirá efectuar al mismo tiempo la presión de la segunda y de la tercera líneas exteriores de la pierna (véase figura pequeña en la página 62).

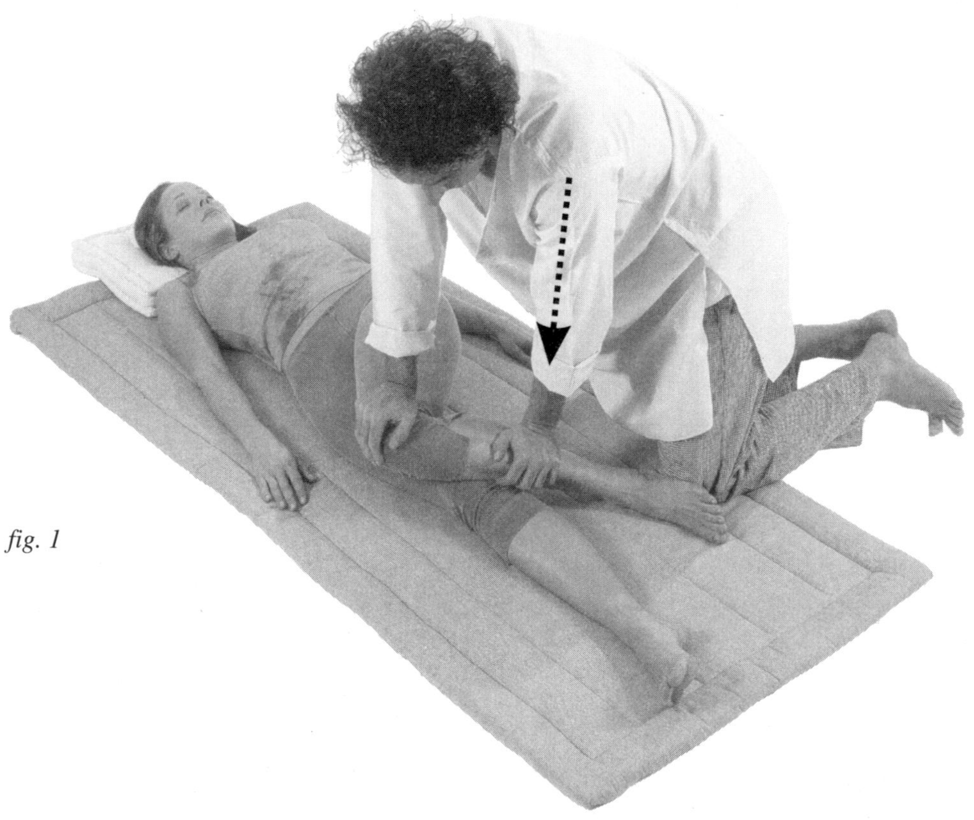

fig. 1

● *Flexione ligeramente la pierna del paciente y apóyela, empujándola con su mano, sobre la otra pierna. Con la otra mano efectúe la presión palmar de la fascia exterior partiendo del tobillo y llegando cerca de la rodilla (fig. 1).*

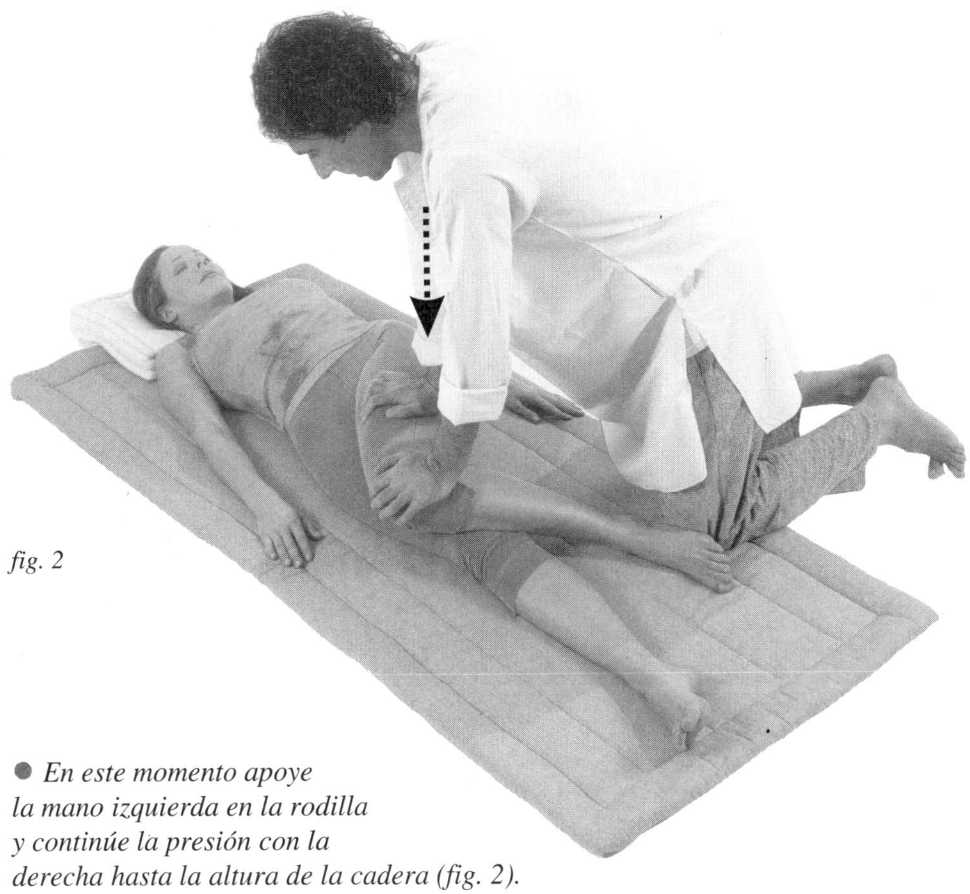

fig. 2

- *En este momento apoye la mano izquierda en la rodilla y continúe la presión con la derecha hasta la altura de la cadera (fig. 2).*
- *Vuelva hacia atrás recorriendo otra vez la pierna.*

! No presione demasiado la rodilla en la que se apoya. Si el paciente no es lo suficientemente flexible como para lograr apoyar una pierna sobre la otra, su mano, en vez de apoyarse en la rodilla, la sostiene, manteniendo la pierna levantada.

Los beneficios del tratamiento

- Los mismos beneficios que el tratamiento anterior.
- Con el ligero estiramiento de la pierna alarga las fascias de los glúteos y de la cadera a la vez que drena el exceso de líquidos retenidos.

Torsión lumbar

! Durante este ejercicio trate de sincronizar su respiración con la del paciente de manera que la respiración se produzca durante el estiramiento.

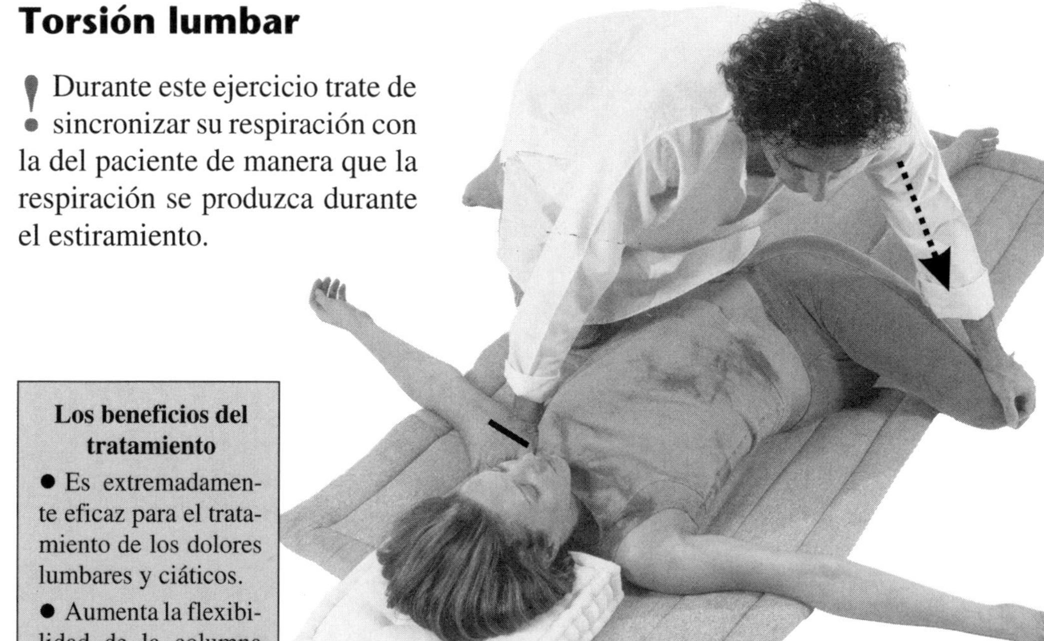

Los beneficios del tratamiento

- Es extremadamente eficaz para el tratamiento de los dolores lumbares y ciáticos.
- Aumenta la flexibilidad de la columna vertebral.

Adopte una postura que le permita tener un baricentro óptimo para imprimir el impulso de sus manos en direcciones diferentes.

! No supere el límite de torsión de su paciente tratando de llevar la rodilla hasta el suelo a cualquier precio.

- *Arrodíllese a la altura de las caderas y apoye el pie izquierdo del paciente en el suelo fuera de la rodilla de la pierna derecha.*
- *Apoye la mano derecha en la parte blanda comprendida entre la clavícula y la articulación del hombro y la mano izquierda en el exterior de la rodilla.*
- *Mantenga el hombro pegado al suelo y empuje la rodilla hacia el otro lado hasta lograr que la parte lumbar de la espalda haga una torsión.*
- *Repita el movimiento.*

Bicicleta

● *Siéntese al lado de la pierna derecha del paciente después de haberla separado ligeramente. Extienda su pierna derecha y apoye en su tobillo la izquierda del paciente flexionada.*

● *Aferre los tobillos del paciente y flexione en ángulo recto su pie izquierdo de manera que tenga bloqueada la pierna del paciente.*

● *Apoye entonces su pie izquierdo en el muslo del paciente tratando de mantener el talón casi apoyado en el suelo y, estirando la pierna, efectúe la presión del muslo, hacia adelante y hacia atrás.*

● *Manteniendo la presión, haga círculos delicadamente con su pie sobre las fascias musculares del paciente.*

Este símbolo indica una fuerza de parada, o de retención, que se ejerce sobre la parte que se va a tratar.

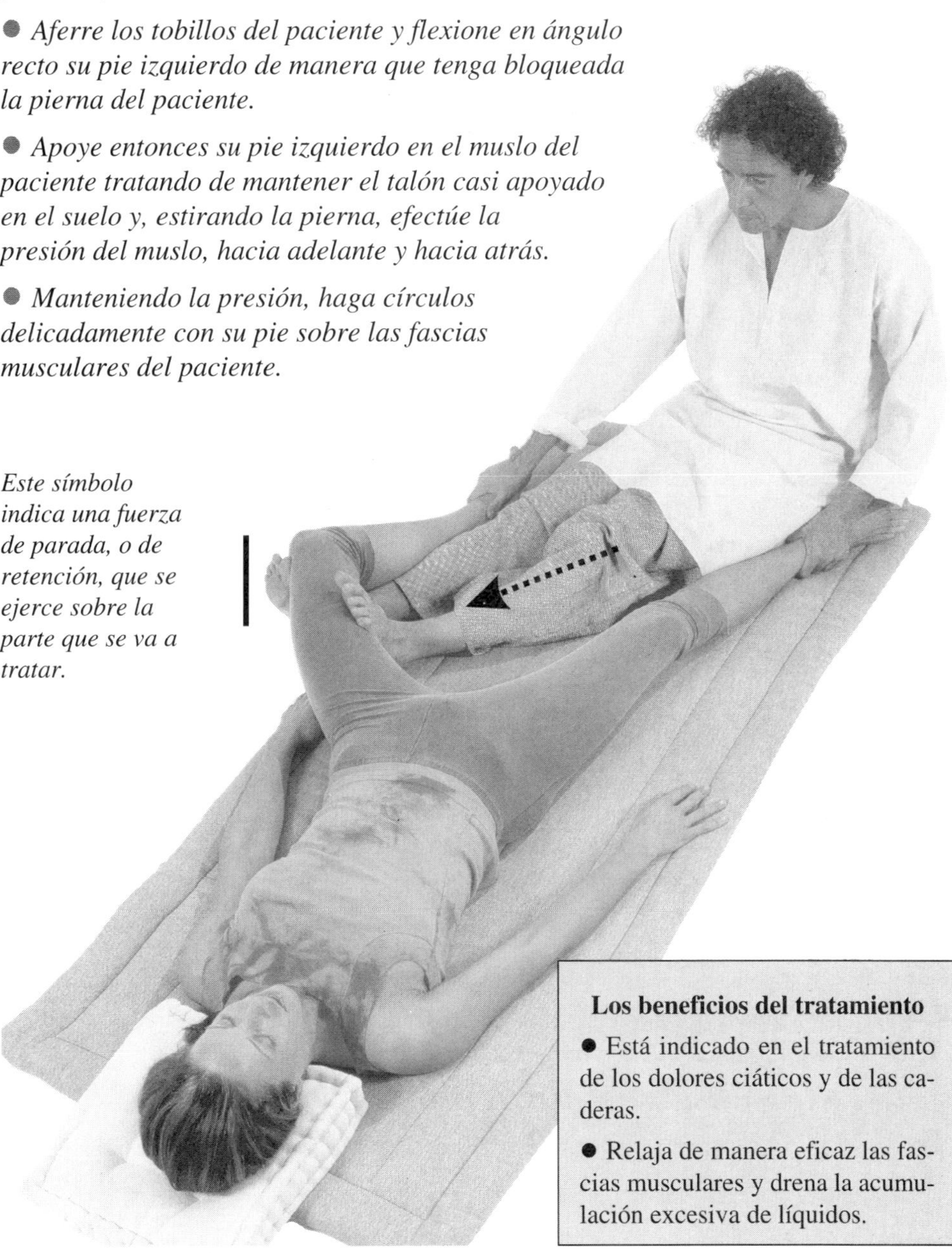

Los beneficios del tratamiento

● Está indicado en el tratamiento de los dolores ciáticos y de las caderas.

● Relaja de manera eficaz las fascias musculares y drena la acumulación excesiva de líquidos.

Windsurf

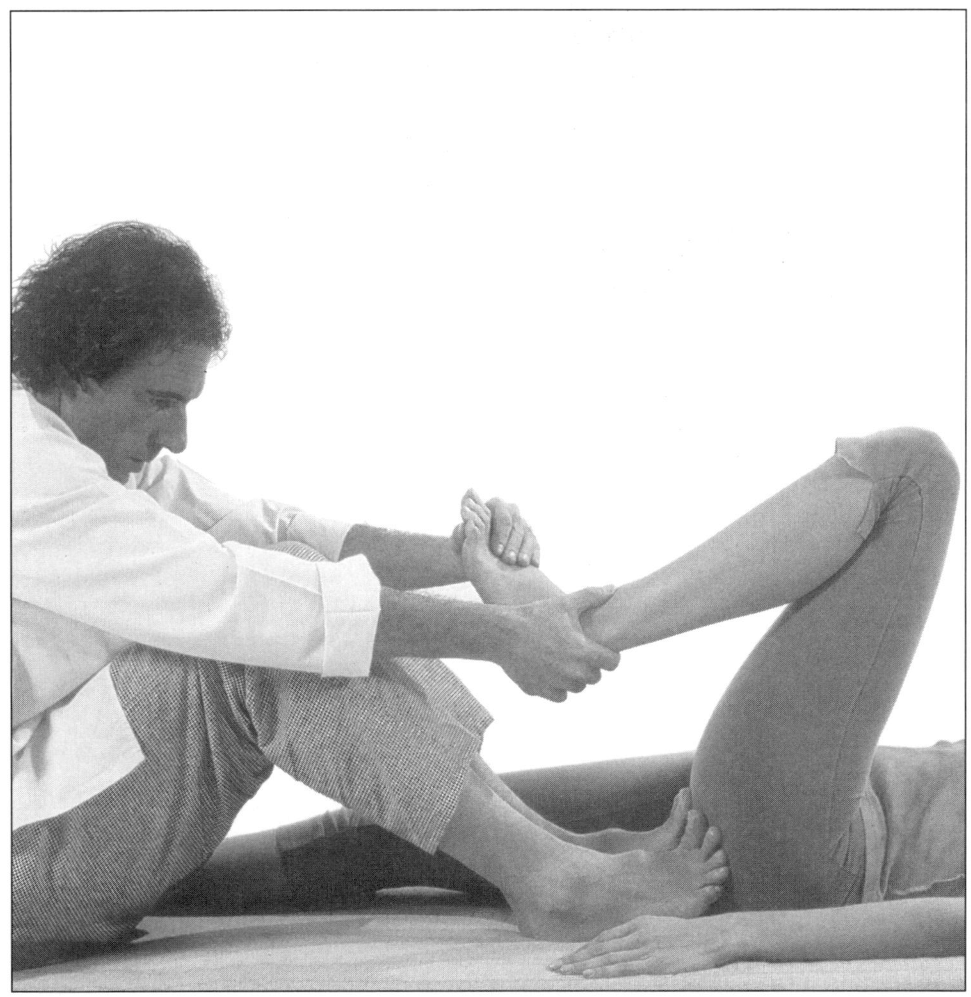

fig. 1

- *Aferre los tobillos del paciente y dóblele la pierna de manera que su muslo quede perpendicular al busto o aún más inclinado.*
- *Apoye sus pies apenas por encima del glúteo (fig. 1).*

● *Manteniendo los pies bien firmes en esta postura, déjese ir hacia atrás completamente estirando la pierna del paciente (fig. 2).*
Trate de infundir energía a su movimiento.

● *Repita el tratamiento dos veces.*

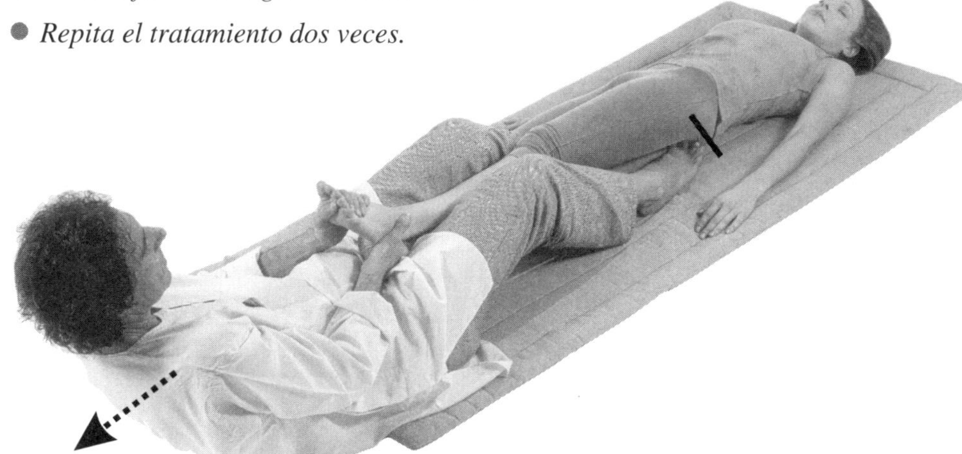

fig. 2

● *Devuelva la pierna del paciente a la postura perpendicular y levante el pie de su pierna derecha apoyándolo de lado contra la parte posterior del muslo del paciente (fig. 3).*
Mantenga su pierna bien estirada y tire hacia atrás el pie que aferra.

● *Ejerza la presión recorriendo toda la longitud del muslo, hacia adelante y hacia atrás (fig. 3).*

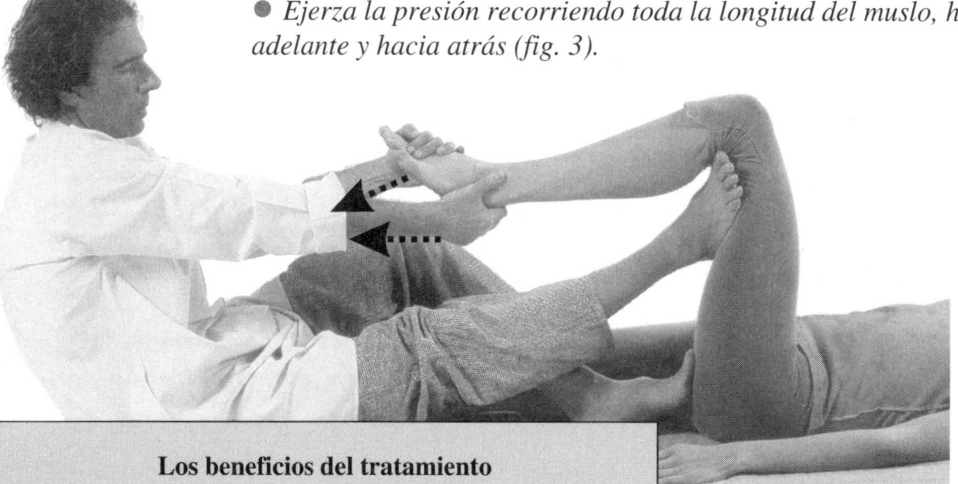

fig. 3

Los beneficios del tratamiento

● Está indicado en el tratamiento de los dolores ciáticos y lumbares.

● Relaja el bíceps femoral y realinea la articulación de la rodilla y del tobillo.

● El primer ejercicio ejerce tracción en las vértebras lumbares, las separa y previene su aplastamiento.

Palanca

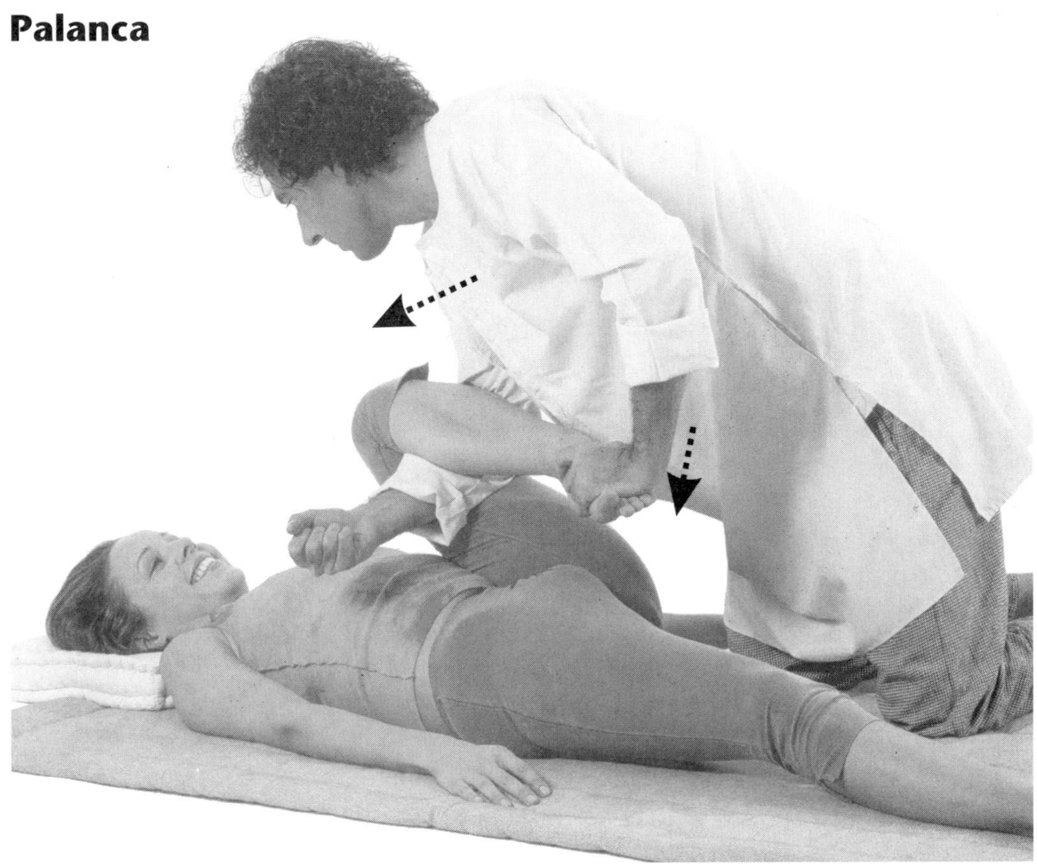

- *Deslice la parte más blanda de su antebrazo en la corva y aferre el dorso del pie con la otra mano. Moviéndose ligeramente hacia adelante, empuje la pierna del paciente hacia su pecho y, al mismo tiempo, empuje el pie hacia abajo haciendo flexionar el tobillo.*
- *Repita el movimiento.*

Los beneficios del tratamiento

- Refuerza los ligamentos de la rodilla y cura los dolores de la articulación

Estiramiento de la pantorrilla

● *Siéntese sobre los talones y apoye la pierna izquierda del paciente en su pierna izquierda un poco por encima de la rodilla. Aferre el pie por el talón. Apoye el antebrazo contra la planta del pie y mantenga la otra mano sobre el muslo del paciente (fig. 1).*

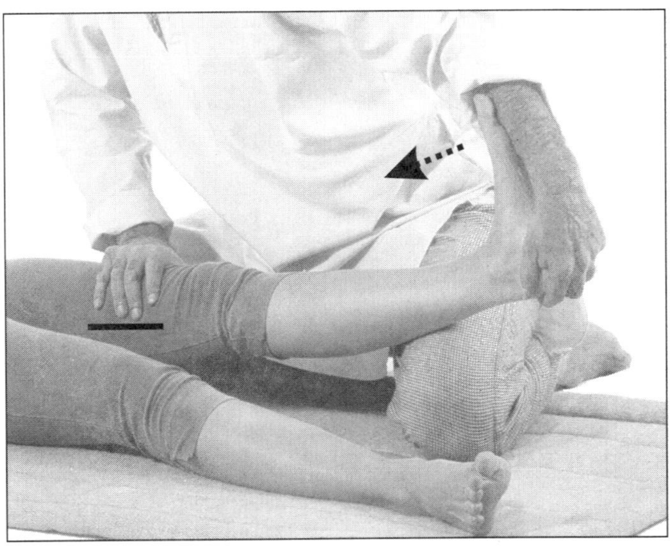

fig. 1

● *Usando el peso de su cuerpo, flexione el pie por la parte interna con el antebrazo, impidiendo con la otra mano que la pierna se levante.*

! Colóquese de manera de poder usar eficazmente el peso de su cuerpo. Nunca apoye la mano sobre la rodilla.

● *Repita el ejercicio apoyando la mano a lo largo de la parte inferior de la pierna (fig. 2).*

Los beneficios del tratamiento

- Relaja profundamente los músculos de la pantorrilla.
- Cura los fenómenos relacionados con la aparición de calambres.
- Es eficaz en el tratamiento de los dolores de rodilla.

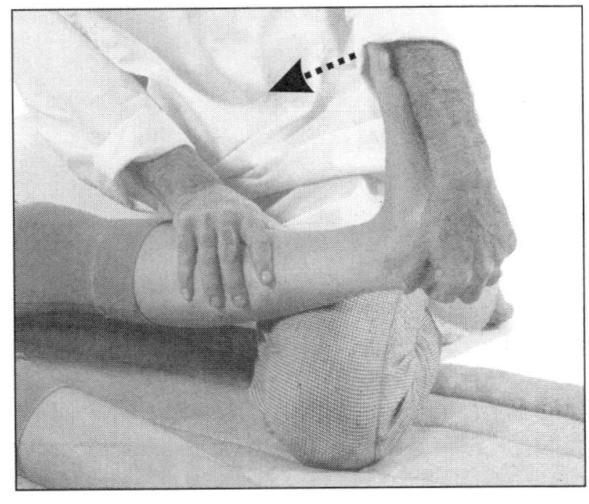

fig. 2

Estiramiento del tobillo

- *Apoye una mano sobre el muslo del paciente y otra sobre el dorso del pie*
- *Usando el peso de su cuerpo, empuje el pie hacia el suelo para ejercer tracción en el tobillo.*

Los beneficios del tratamiento

- Hace más flexibles las articulaciones del tobillo y del pie.

! No fuerce el estiramiento

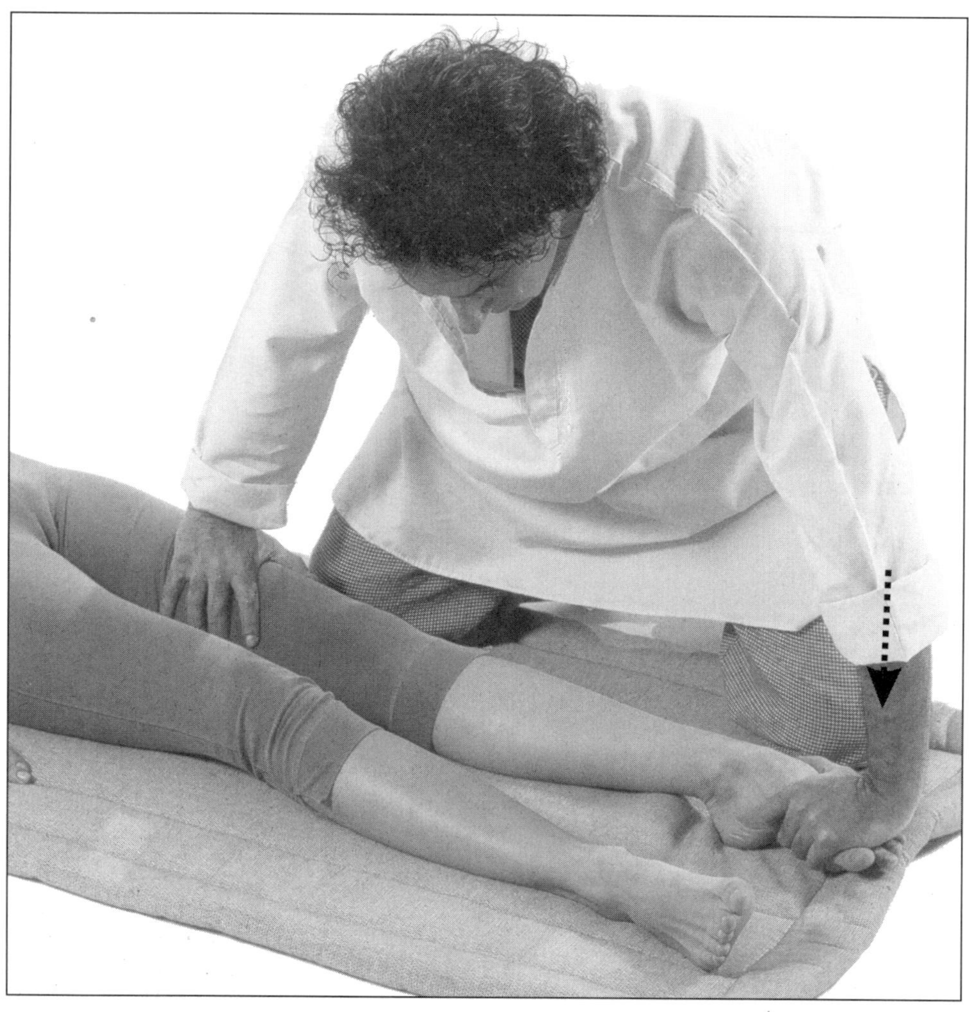

Parada circulatoria de la pierna

! Nunca practique esta técnica en los siguientes casos:
- hipertensión arterial;
- ciclo menstrual;
- presencia de venas varicosas en las piernas;
- arteriopatías y vasculopatías graves.

! Ponga atención en no superar el tiempo aconsejado.

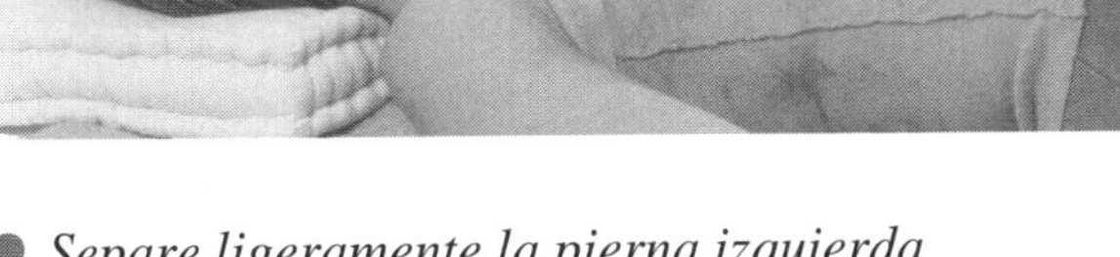

- *Separe ligeramente la pierna izquierda del paciente.*
- *Apoye su mano izquierda cerca de la ingle.*
- *Poniendo la otra mano sobre la primera y usando el peso de su cuerpo, empiece a presionar.*
- *Después de mantener la presión durante unos 40 segundos, desplácese hacia atrás disminuyendo gradualmente la presión.*

Los beneficios del tratamiento

- Mejora sensiblemente la circulación sanguínea y linfática.
- Drena la acumulación excesiva de líquidos y favorece la eliminación de las «escorias» de los vasos.
- Confiere ligereza y vitalidad a toda la pierna.

! Para ayudarse a reconocer la zona donde se debe ejercer la presión, trate de individualizar el punto en el cual es posible sentir el latido de la arteria. La presión se propone detener el flujo a la altura de la vena safena. Al término de la presión el paciente deberá sentir una agradable sensación de calor en toda la articulación. Cuando repita la secuencia en el otro lado del paciente use la mano derecha para presionar la pierna derecha. Recuerde esta simple regla: pierna derecha, mano derecha; pierna izquierda, mano izquierda.

Parada circulatoria del brazo

! Nunca practique esta técnica en los siguientes casos:
- hipertensión arterial;
- ciclo menstrual;
- arteriopatías y vasculopatías graves.

! Asegúrese de que la presión no resulta dolorosa.
Ponga atención en no superar el tiempo indicado.

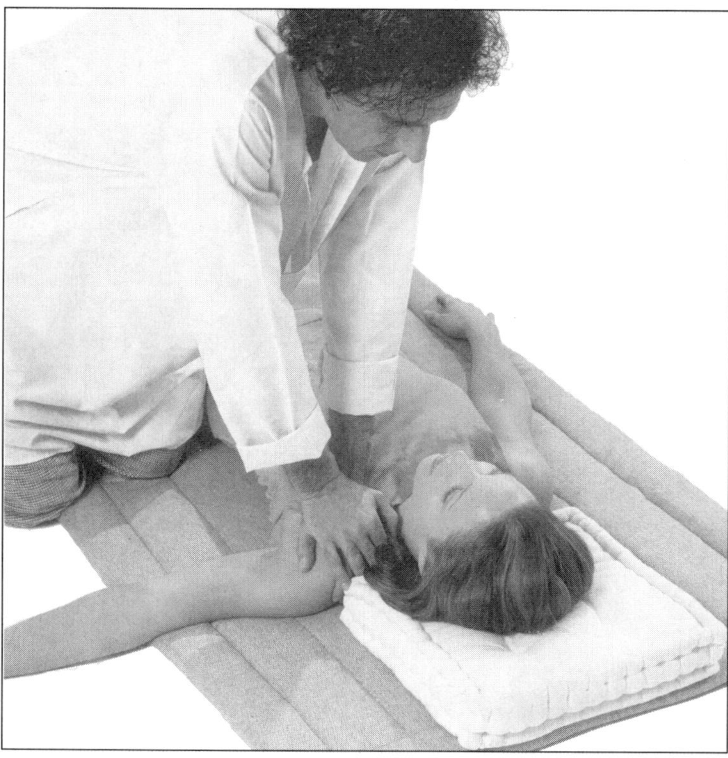

fig. 1

- *Extienda el brazo izquierdo con la palma de la mano hacia arriba.*
- *Presione con sus manos superpuestas la parte blanda adyacente a la articulación del hombro.*
- *Mantenga la presión durante 15-20 segundos y suelte lentamente.*

Los beneficios del tratamiento

- Mejora la circulación sanguínea del brazo y de la mano.
- Está indicado para la curación de periartritis en el hombro.

Líneas interiores del brazo

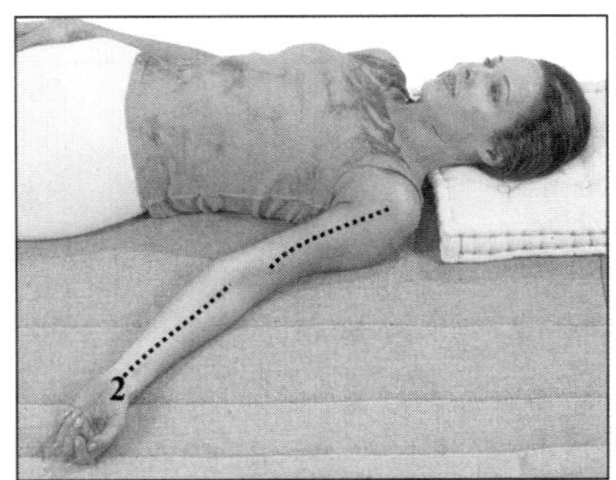

En los tratamiento siguiente evite manipular el codo y su hueco. Recuerde que en la parte superior del brazo la primera línea se encuentra apenas por debajo del húmero y, en el antebrazo, apenas por encima del cúbito.

- *Efectúe la digitopresión de la primera línea con los pulgares superpuestos (fig. 1).*
- *Manteniendo la presión, haga círculos delicadamente hacia arriba.*
- *Recorra la línea hacia adelante y hacia atrás.*

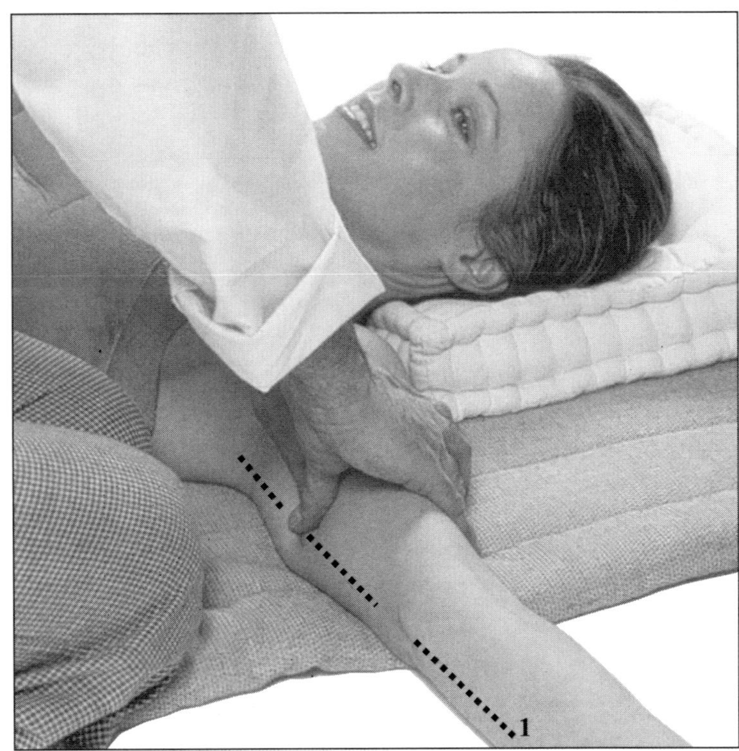

fig. 1

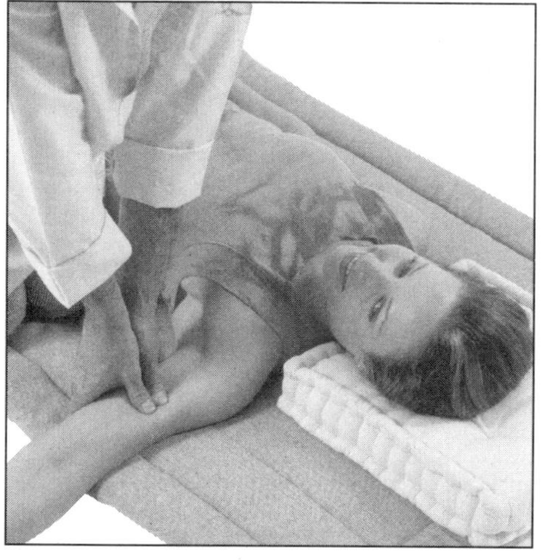

fig. 2

fig. 3

● *Efectúe la digitopresión de la segunda línea con los pulgares uno al lado del otro en la parte superior (fig. 2) y con los pulgares superpuestos en la parte inferior (fig. 3).*

● *Recorra la línea hacia adelante y hacia atrás.*

● *Efectúe la presión palmar del brazo, hacia adelante y hacia atrás (fig. 4).*

Los beneficios del tratamiento

● Cura los dolores musculares del brazo, de las manos y de las articulaciones del codo y de la muñeca.

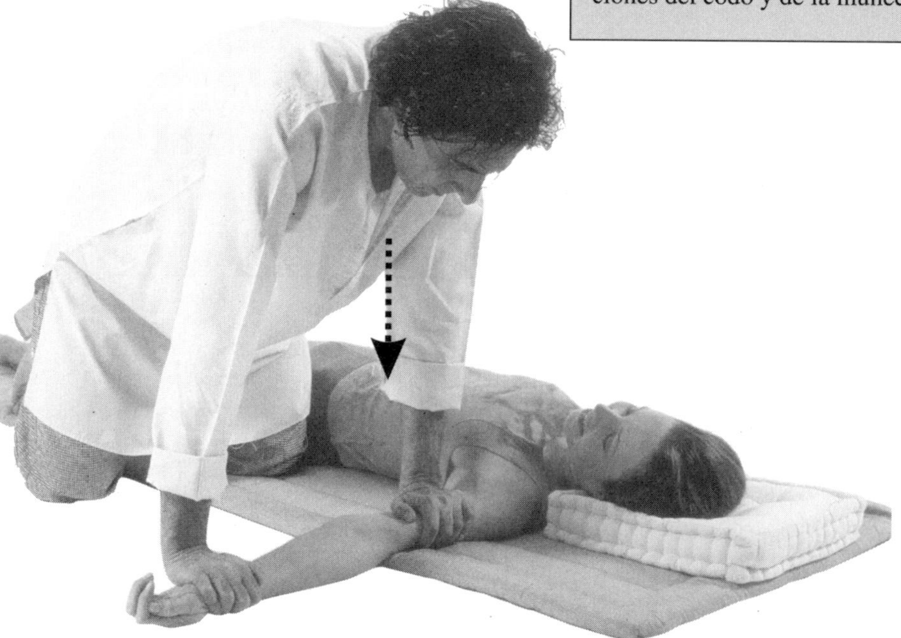

fig. 4

Línea exterior del brazo

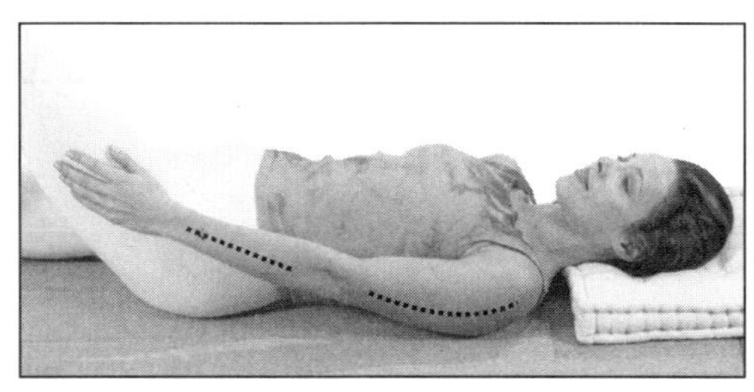

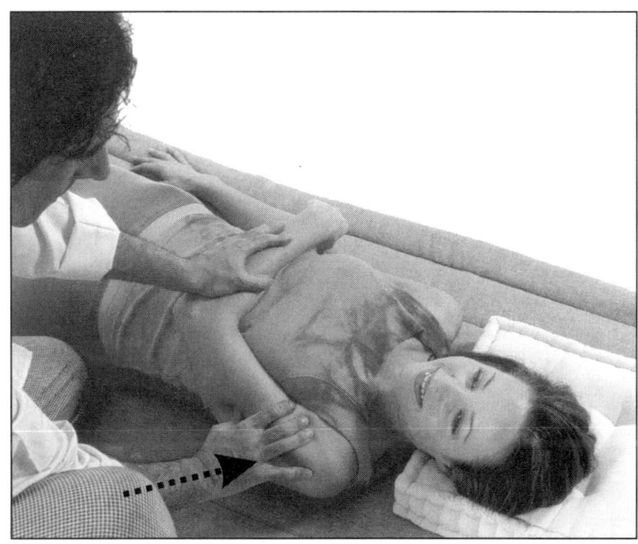

- *Doble el brazo del paciente y apóyelo sobre su cuerpo.*
- *Con una mano sostenga el brazo y, con la otra, efectúe la digitopresión de la línea ayudándose con su rodilla a imprimir el impulso (fig. 1).*
- *Empiece cerca del hombro y llegue cerca del codo.*
- *Vuelva hacia atrás. Manteniendo la presión, haga círculos delicadamente con un movimiento de abajo arriba.*

fig. 1

fig. 2

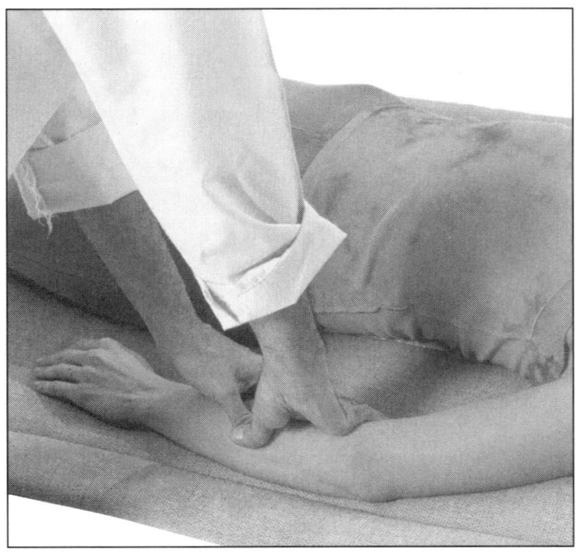

- *Apoye el brazo del paciente en el suelo a lo largo del cuerpo con la palma de la mano hacia el suelo y, con los pulgares superpuestos, efectúe la digitopresión de la línea del antebrazo, hacia adelante y hacia atrás (fig. 2).*

Los beneficios del tratamiento

- Está indicado en caso de periartritis y de dolores en el hombro y en la muñeca.

Despegue del antebrazo y de la mano

- *Siéntese sobre los talones al lado del paciente.*
- *Presione y frote la parte superior del antebrazo y de la mano usando, alternativamente, ambas zonas del carpo.*

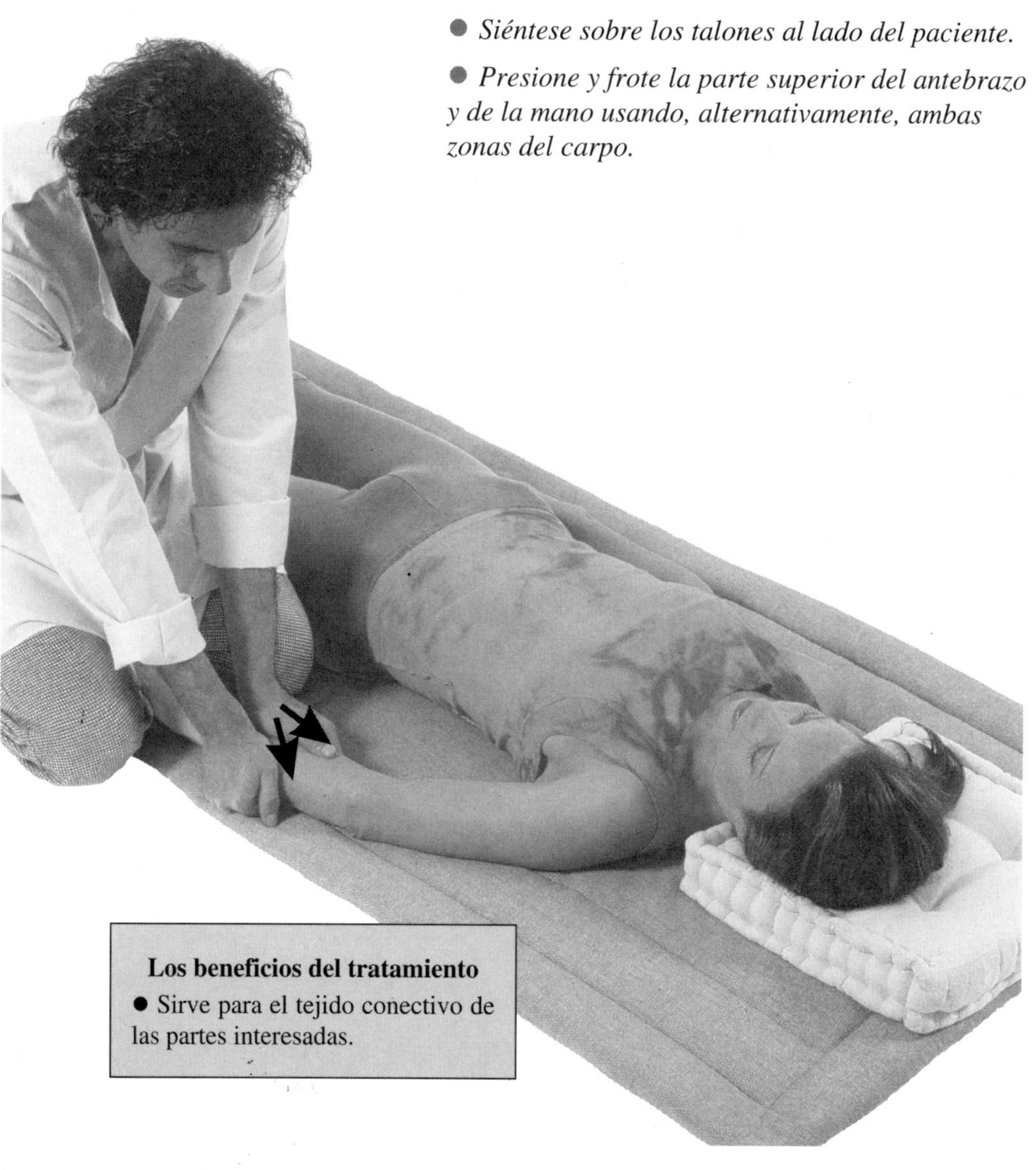

Los beneficios del tratamiento

- Sirve para el tejido conectivo de las partes interesadas.

Línea de los dedos

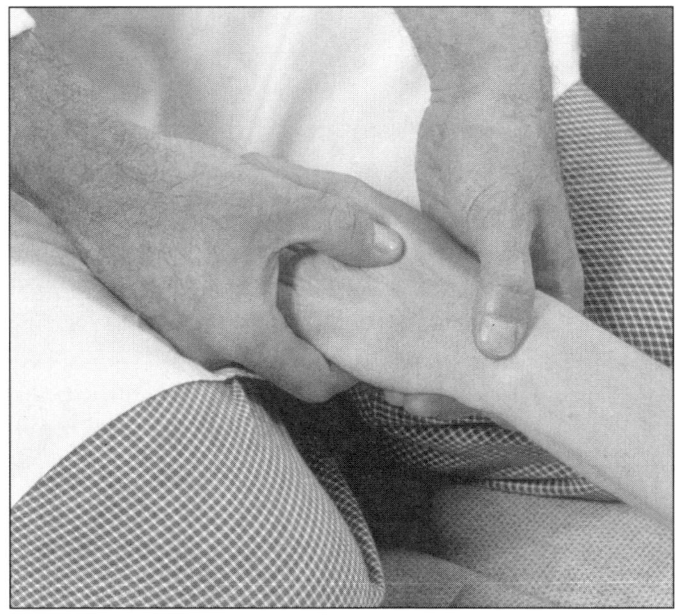

fig. 1

● *Con una mano sostenga el brazo del paciente aferrándole la muñeca. Con la otra efectúe una presión rotatoria con el pulgar entre los tendones de la mano (fig. 1) subiendo hacia los dedos y continuando la presión rotatoria (fig. 2).*

Los beneficios del tratamiento

● Alivia tensiones e hinchazones y estimula innumerables puntos reflejos (como sucede en el pie) correspondientes a órganos internos.

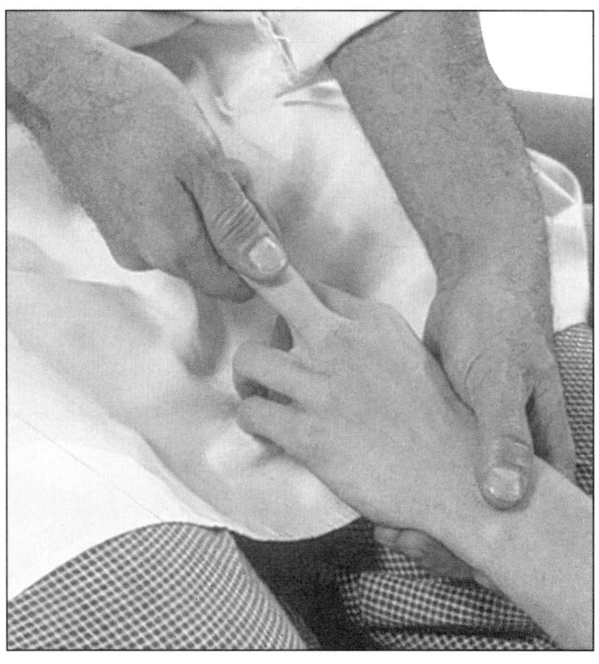

fig. 2

Crujido de los dedos

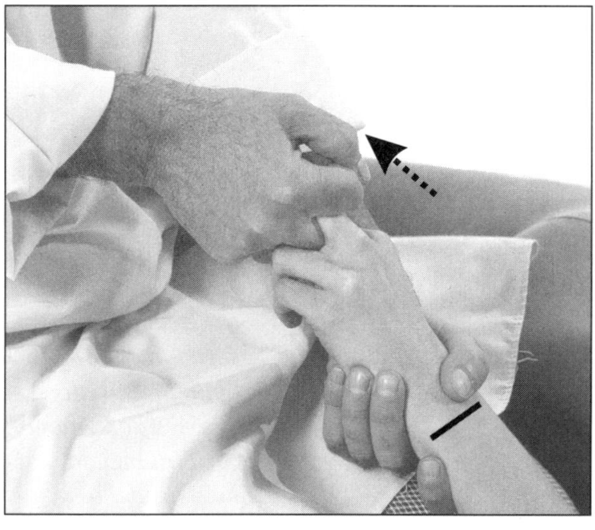

fig. 1

! No realice este tratamiento si el paciente presenta evidentes signos de artrosis deformante o alguna malformación insólita.

Existen muchas técnicas para realizar este ejercicio. La expuesta es la más inocua y natural. No se preocupe si no oye «crujir» los dedos y no repita el movimiento más de dos veces para conseguirlo.

- *Sentado sobre los talones, con una mano aferre la muñeca y con la otra la falange inferior del dedo (fig. 1). Usando las manos, tire del brazo hacia usted.*
- *La mano que aferra la muñeca interrumpe el movimiento del brazo mientras sus dedos, que siguen tirando de él, estiran el dedo que sostienen (fig. 2).*
- *Repita el ejercicio en todos los dedos.*

! Para aplicar esta técnica es necesario sincronizar adecuadamente los movimientos de parada de la muñeca y de tracción del dedo.

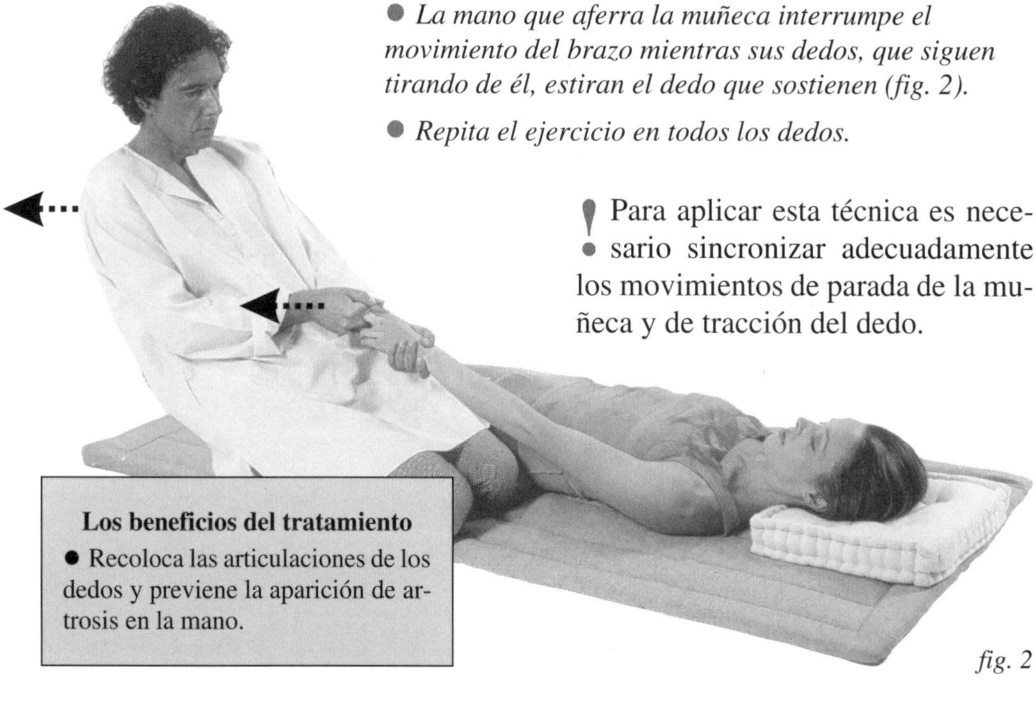

Los beneficios del tratamiento

- Recoloca las articulaciones de los dedos y previene la aparición de artrosis en la mano.

fig. 2

Palma de la mano

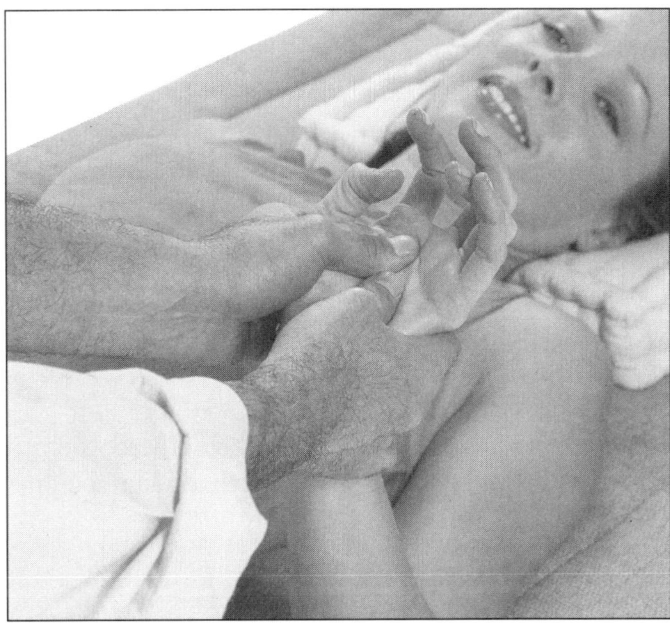

● *Aferre la mano y gire la palma hacia usted.*

● *Usando los pulgares alternativamente, presione con fuerza la palma subiendo hasta la base de los dedos (fig. 1).*

fig. 1

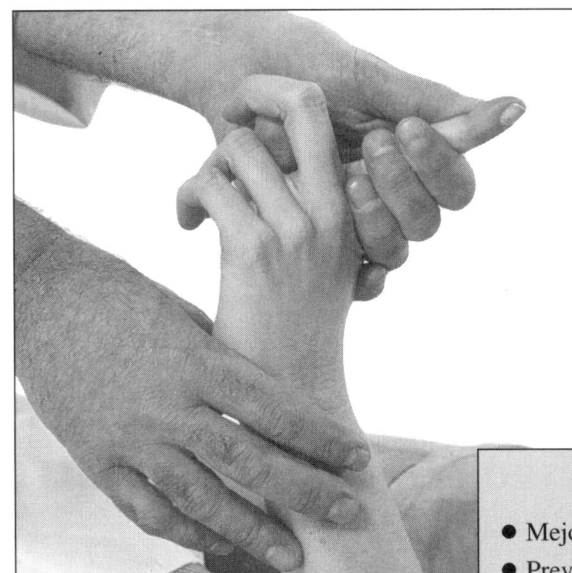

fig. 2

● *Sostenga con sus dedos el dedo del paciente y, con su pulgar, recórralo lentamente ejerciendo una presión constante y flexionándolo (fig. 2).*

● *Repita el tratamiento en todos los dedos.*

Los beneficios del tratamiento

- Mejora la circulación sanguínea de la mano.
- Previene la formación de la artrosis deformante.
- Estimula diferentes puntos reflejos.

Tracción de la muñeca

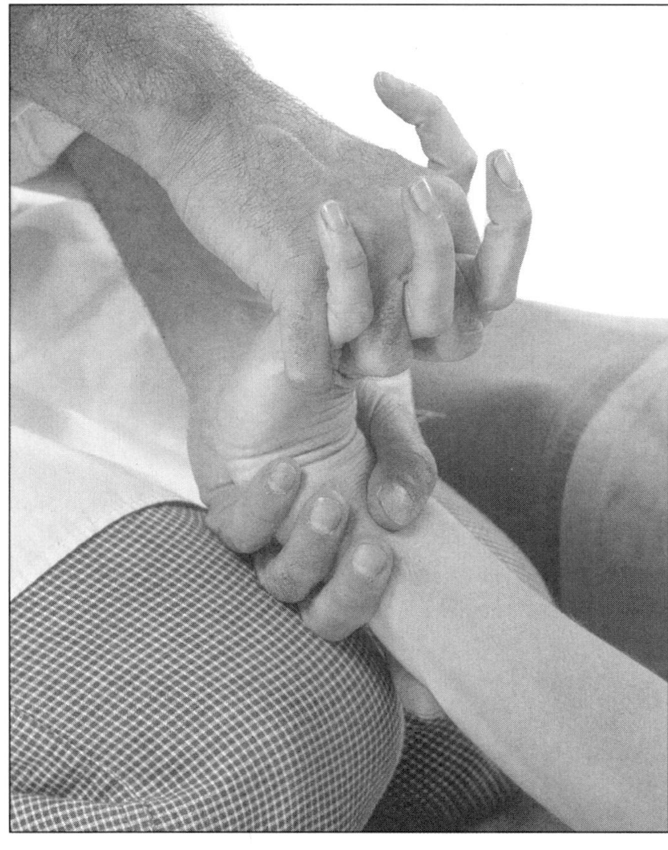

- *Aferre el antebrazo del paciente cerca del pulso.*
- *Entrecruce sus dedos con los del paciente y empuje la muñeca hacia atrás.*

! No fuerce demasiado la tracción.

Los beneficios del tratamiento

- Alivia los dolores de la muñeca y aumenta su flexibilidad.

COLÓQUESE EN EL OTRO LADO DEL PACIENTE Y REPITA TODOS LOS EJERCICIOS DESDE LA PÁGINA 53 HASTA LA PÁGINA 84.

Levantamiento

Si el paciente pesa mucho más que usted, la eficacia del ejercicio será parcial. Recomiende al paciente que se deje ir por completo, en especial con la cabeza, que muchas personas tenderán instintivamente a mantener elevada.

- *Coloque sus pies a la altura de los hombros del paciente.*
- *Aférrele las muñecas y haga que él aferre las suyas.*
- *Inclínese lateralmente y, tirando un brazo, levante el hombro del paciente (fig. 1). Mantenga la postura durante unos instantes.*
- *Con la misma técnica, levante el otro hombro.*

fig. 1

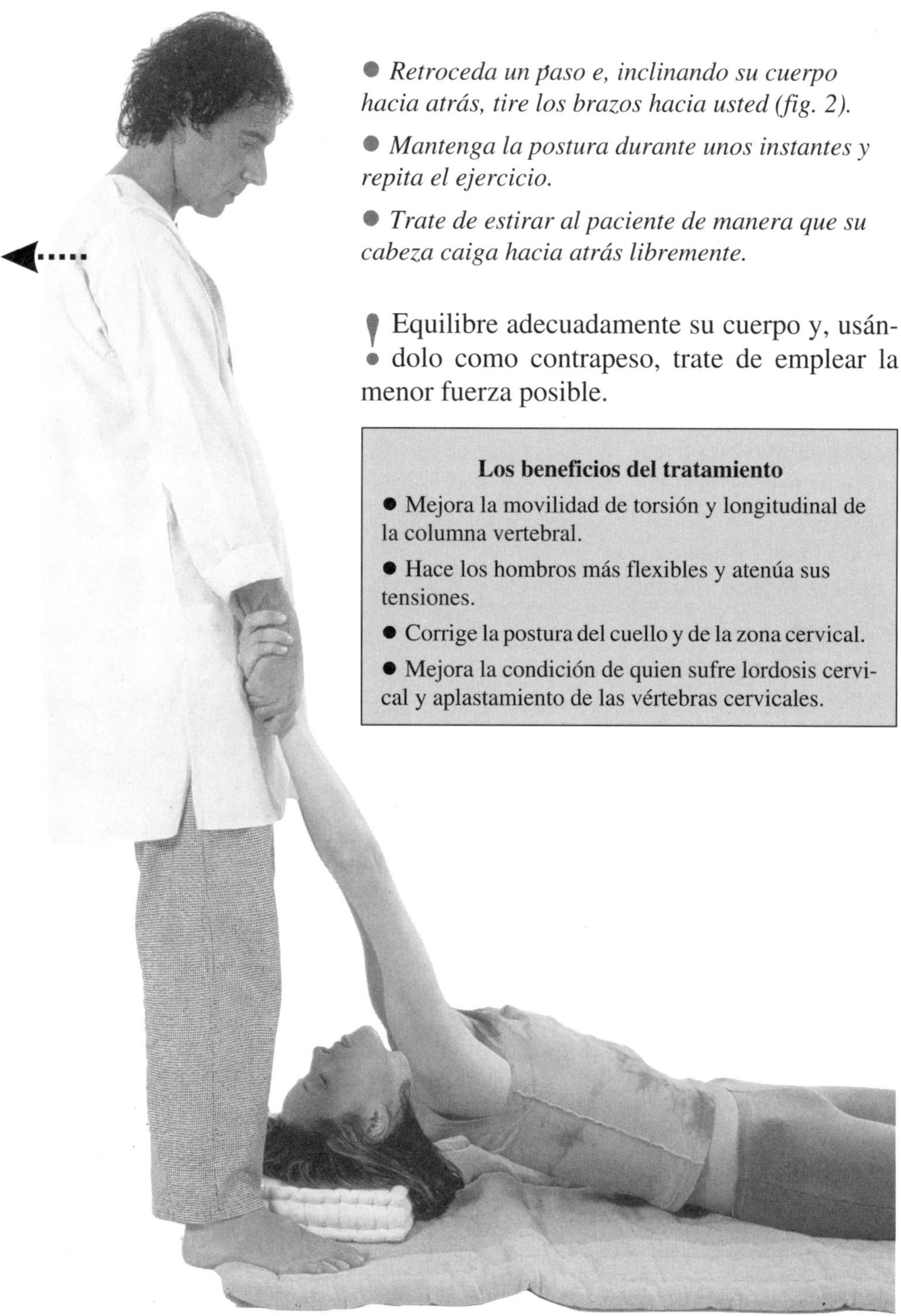

- *Retroceda un paso e, inclinando su cuerpo hacia atrás, tire los brazos hacia usted (fig. 2).*
- *Mantenga la postura durante unos instantes y repita el ejercicio.*
- *Trate de estirar al paciente de manera que su cabeza caiga hacia atrás libremente.*

! Equilibre adecuadamente su cuerpo y, usándolo como contrapeso, trate de emplear la menor fuerza posible.

Los beneficios del tratamiento

- Mejora la movilidad de torsión y longitudinal de la columna vertebral.
- Hace los hombros más flexibles y atenúa sus tensiones.
- Corrige la postura del cuello y de la zona cervical.
- Mejora la condición de quien sufre lordosis cervical y aplastamiento de las vértebras cervicales.

Posiciones de lado

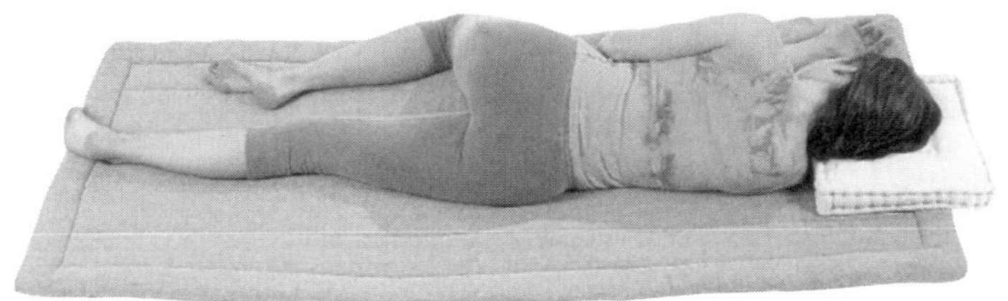

Bicicleta de lado
Línea de la cadera
Línea del hombro
Presión de la línea exterior del brazo
Línea del omóplato
Torsión de la columna vertebral
Media langosta de lado

Bicicleta de lado

- *Aferre la parte anterior del pie izquierdo del paciente y apoye su pie izquierdo en la corva.*
- *Flexione la pierna del paciente empujando su pie hacia el glúteo (fig. 1).*
- *Repita el ejercicio desplazando su pie a lo largo del muslo.*

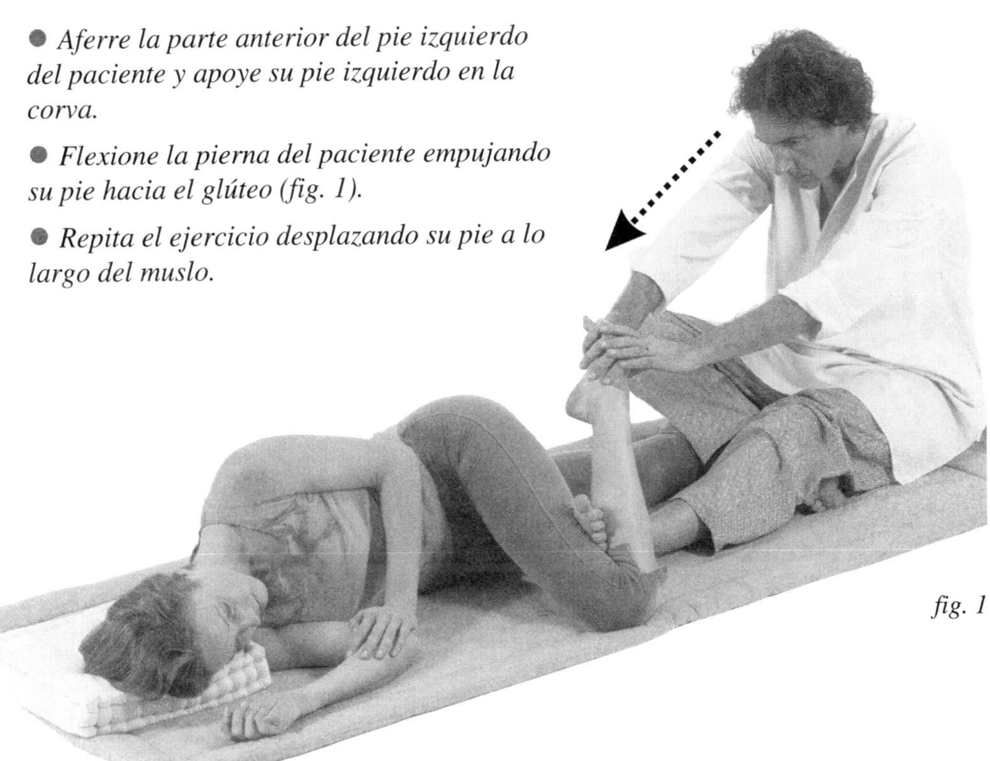

fig. 1

- *Aferre el tobillo izquierdo del paciente y levántelo ligeramente del suelo, manteniendo el pie inmóvil con las manos.*
- *Extienda su pierna izquierda y, con el pie, efectúe presiones a lo largo de todo el muslo (fig. 2).*
- *Al término de cada presión deslice el pie lentamente hacia arriba sin disminuir la presión.*
- *Realice el movimiento de la rodilla hasta el glúteo y vuelva hacia atrás.*

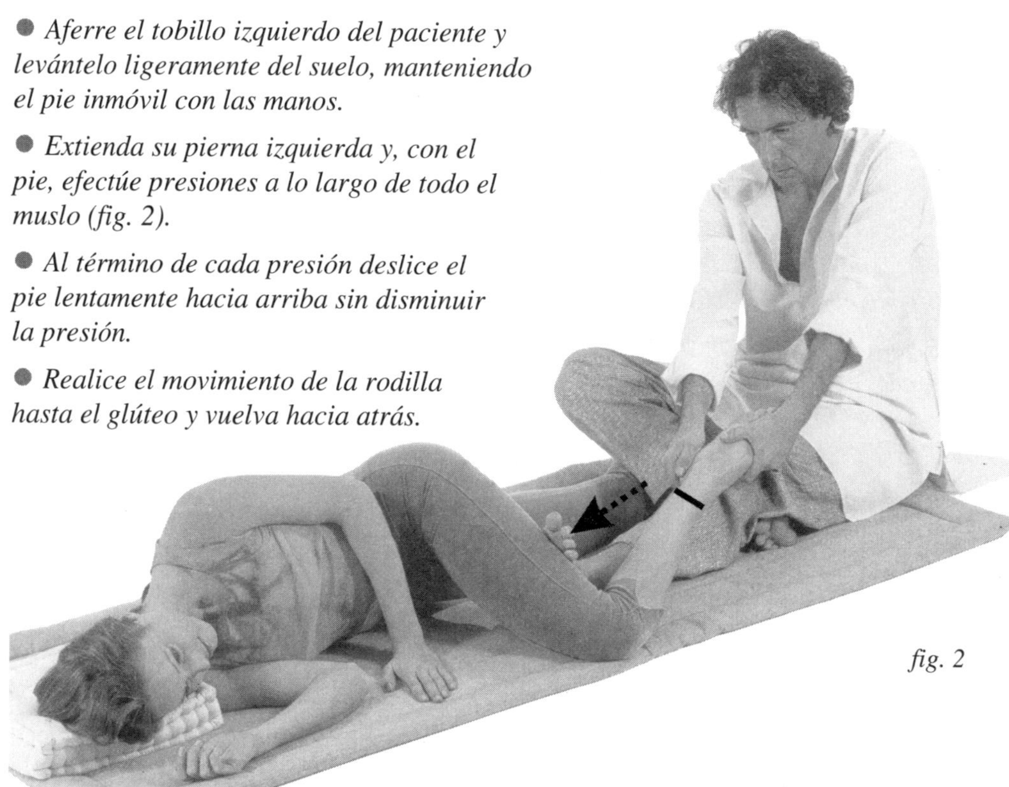

fig. 2

! Como en el ejercicio de la página 69, es importante adoptar una postura que le permita extender la pierna por completo para realizar una presión eficaz, pero no demasiado fuerte.

Los beneficios del tratamiento

- Relaja sensiblemente la musculatura lateral del muslo.
- Es eficaz en el tratamiento de los dolores ciáticos.
- El primer tratamiento refuerza los ligamentos de la rodilla.

Línea de la cadera

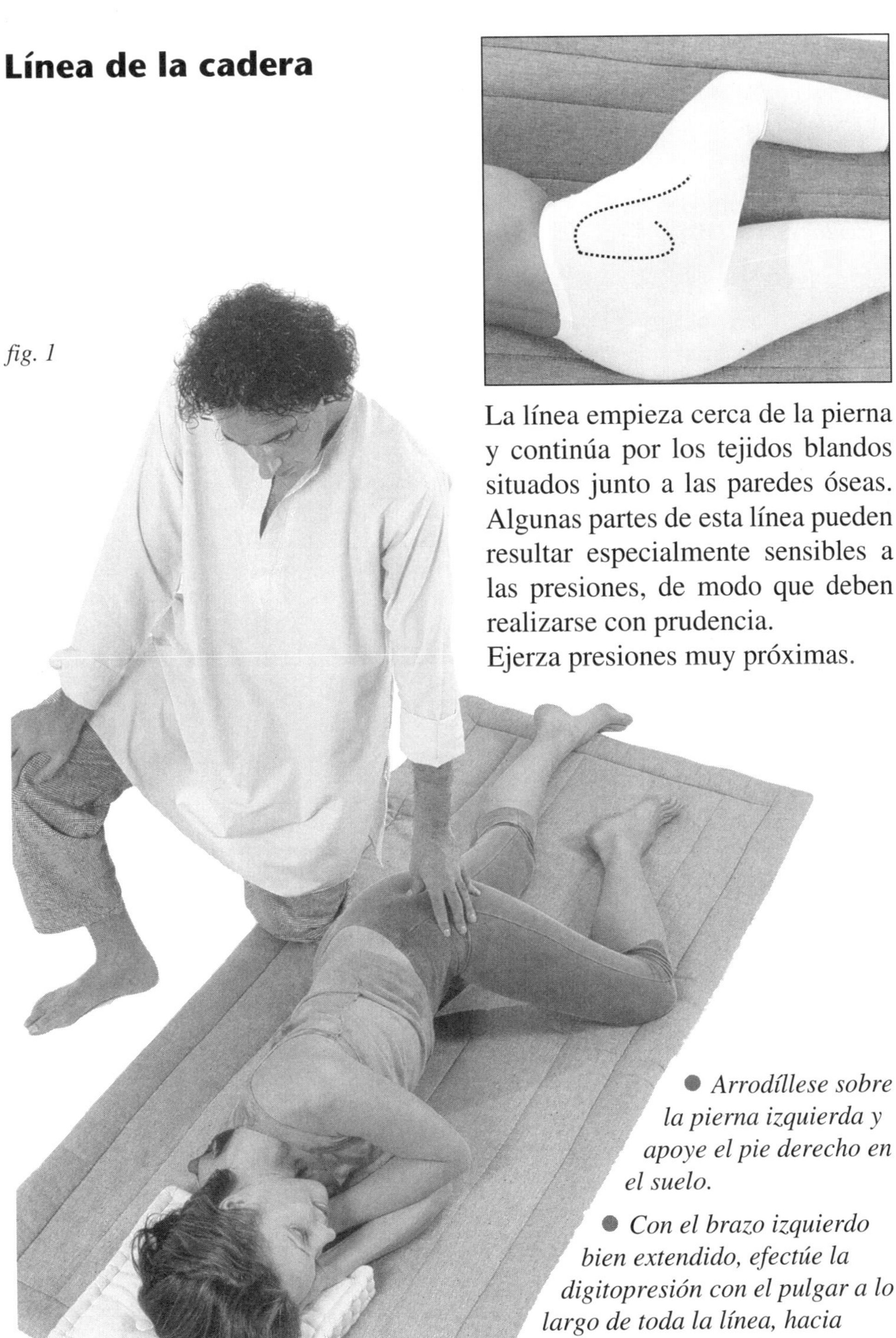

fig. 1

La línea empieza cerca de la pierna y continúa por los tejidos blandos situados junto a las paredes óseas. Algunas partes de esta línea pueden resultar especialmente sensibles a las presiones, de modo que deben realizarse con prudencia.
Ejerza presiones muy próximas.

- *Arrodíllese sobre la pierna izquierda y apoye el pie derecho en el suelo.*
- *Con el brazo izquierdo bien extendido, efectúe la digitopresión con el pulgar a lo largo de toda la línea, hacia adelante y hacia atrás.*

- *Siéntese sobre los talones y, aprovechando el peso de su cuerpo, presione los tejidos blandos con la parte superior del antebrazo.*
- *Manteniendo la presión, haga círculos con el brazo.*

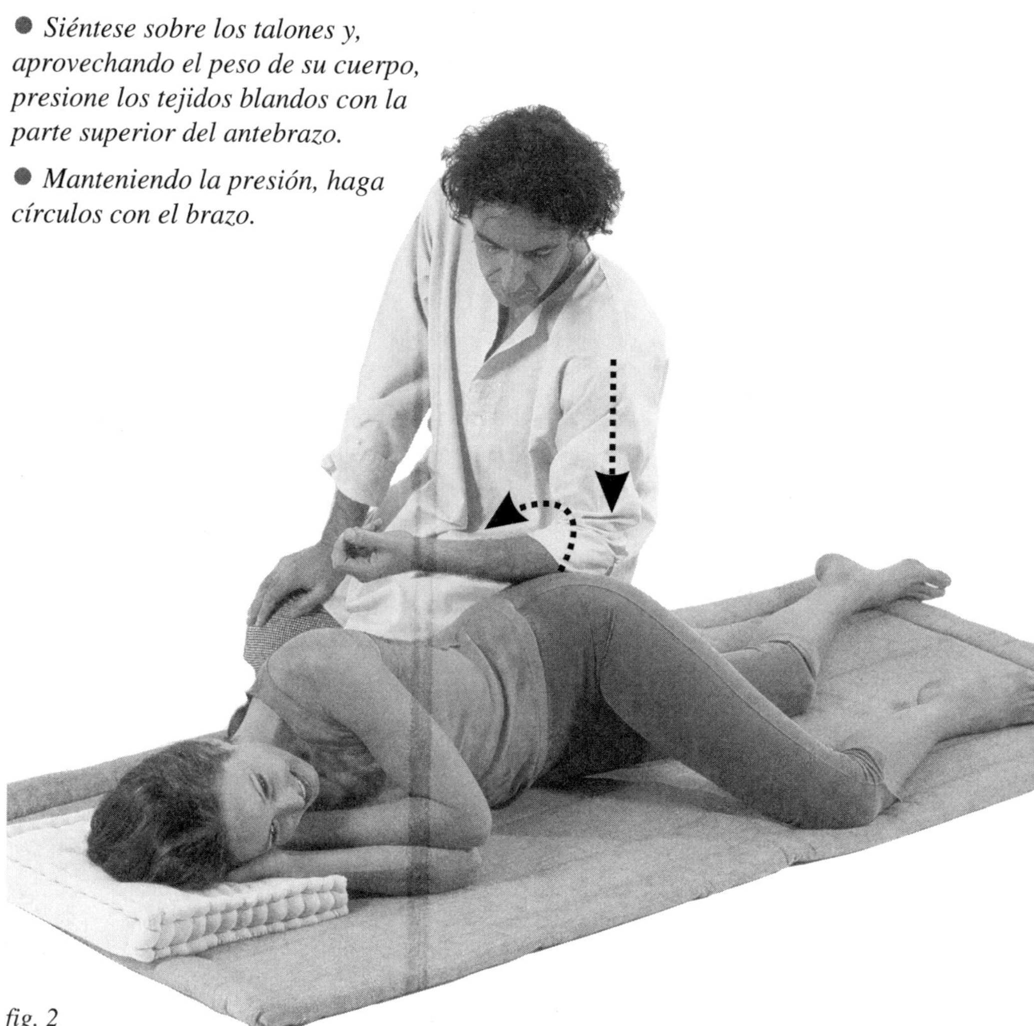

fig. 2

Los beneficios del tratamiento

- Es muy eficaz en el tratamiento de los dolores ciáticos y de cadera.

Línea del hombro

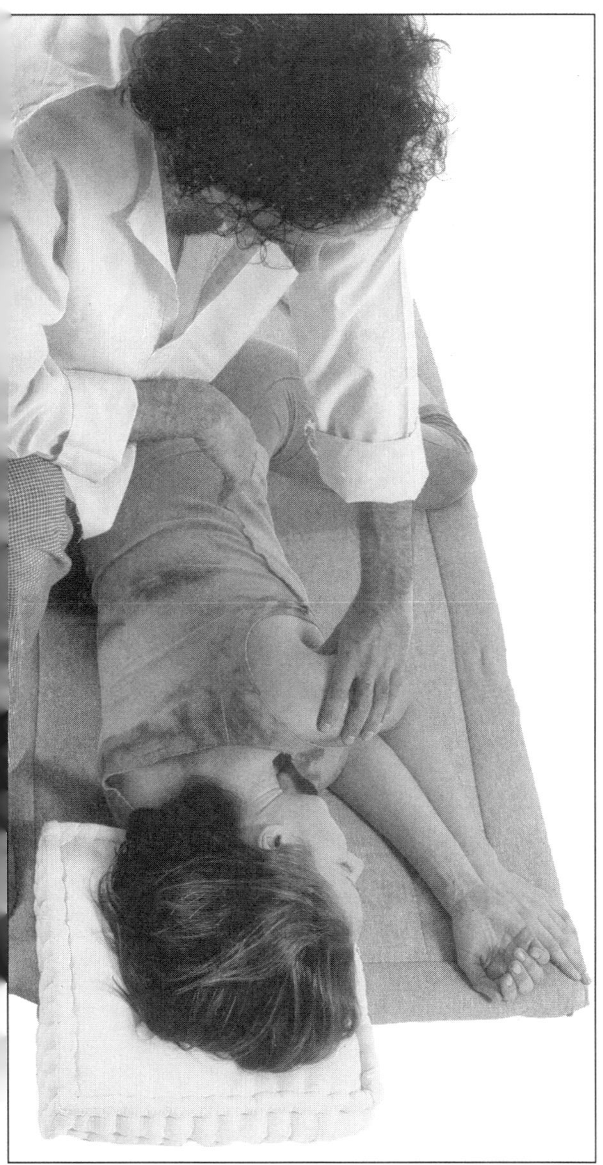

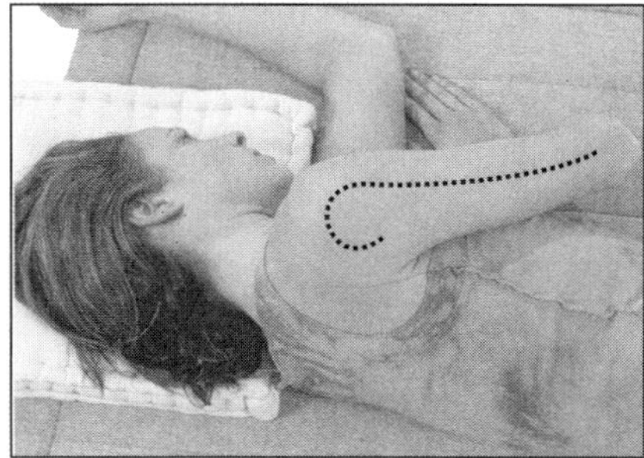

La línea del hombro se extiende a lo largo de los tejidos blandos adyacentes a las paredes óseas.

- *Coloque el brazo del paciente como se muestra en la figura de arriba.*
- *Con su brazo extendido, realice la digitopresión de la línea empezando por la espalda (fig. 1) y continuando por la parte posterior del brazo hasta cerca del codo.*

fig. 1

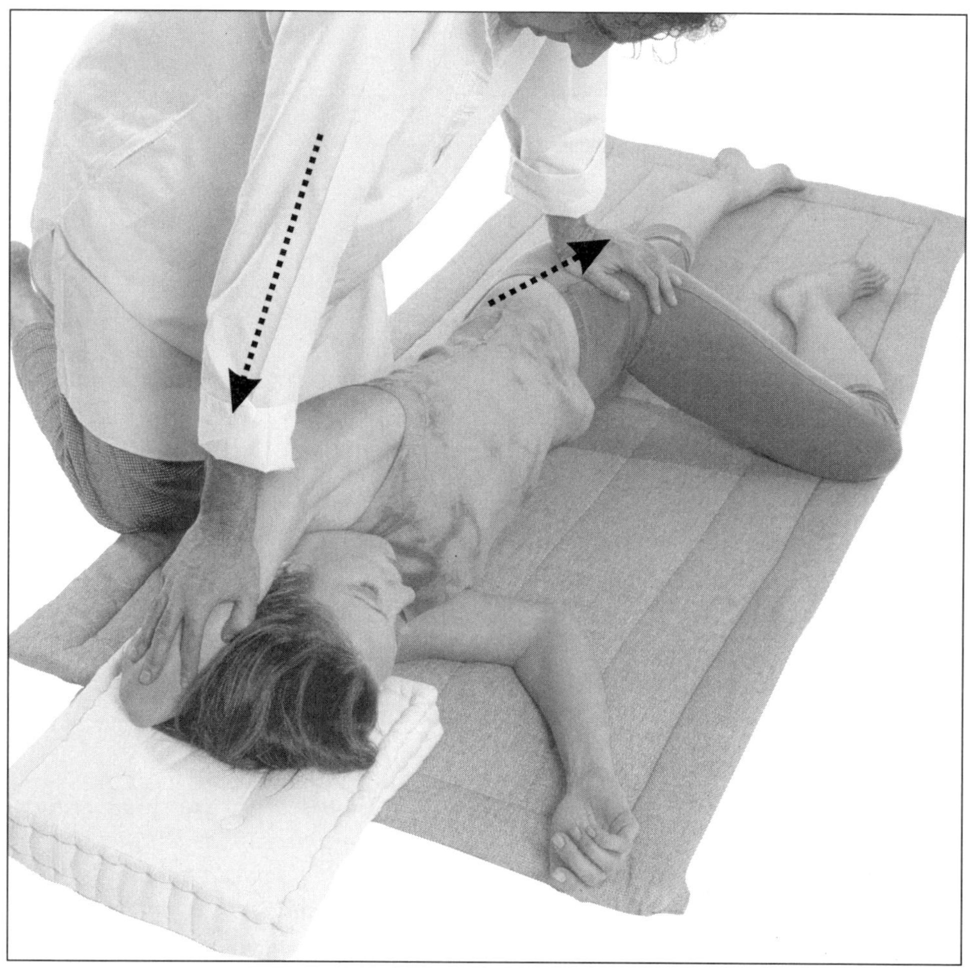

fig. 2

- *Flexione el brazo del paciente a lo largo de la cabeza y apoye su mano en el suelo con los dedos dirigidos hacia los pies.*
- *Con una mano presione sobre la cadera empujándola en dirección a los pies y, con la otra, efectúe la presión de la línea hacia adelante y hacia atrás (fig. 2). La presión que ejerza flexionará el brazo del paciente. El estiramiento combinado del brazo y de la cadera tiene la función de estirar ligeramente la espalda.*

Los beneficios del tratamiento

- Es eficaz en el tratamiento de las secuelas de la periartritis y de los dolores articulares del hombro.
- Alivia las tensiones lumbares y las tensiones en las caderas.

Presión de la línea exterior del brazo

● *Manteniendo el busto levantado, efectúe la presión palmar de la línea con las manos.*

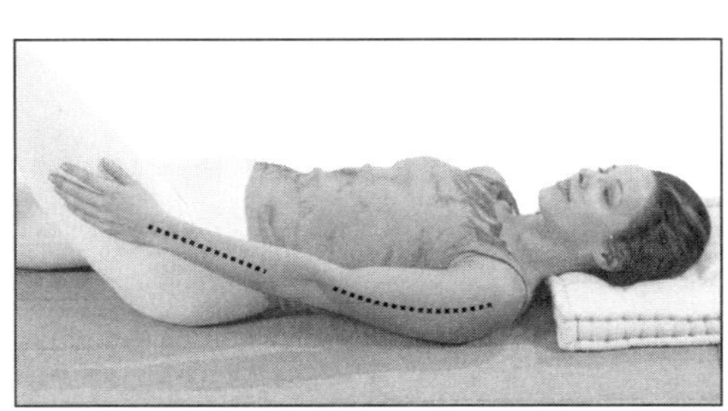

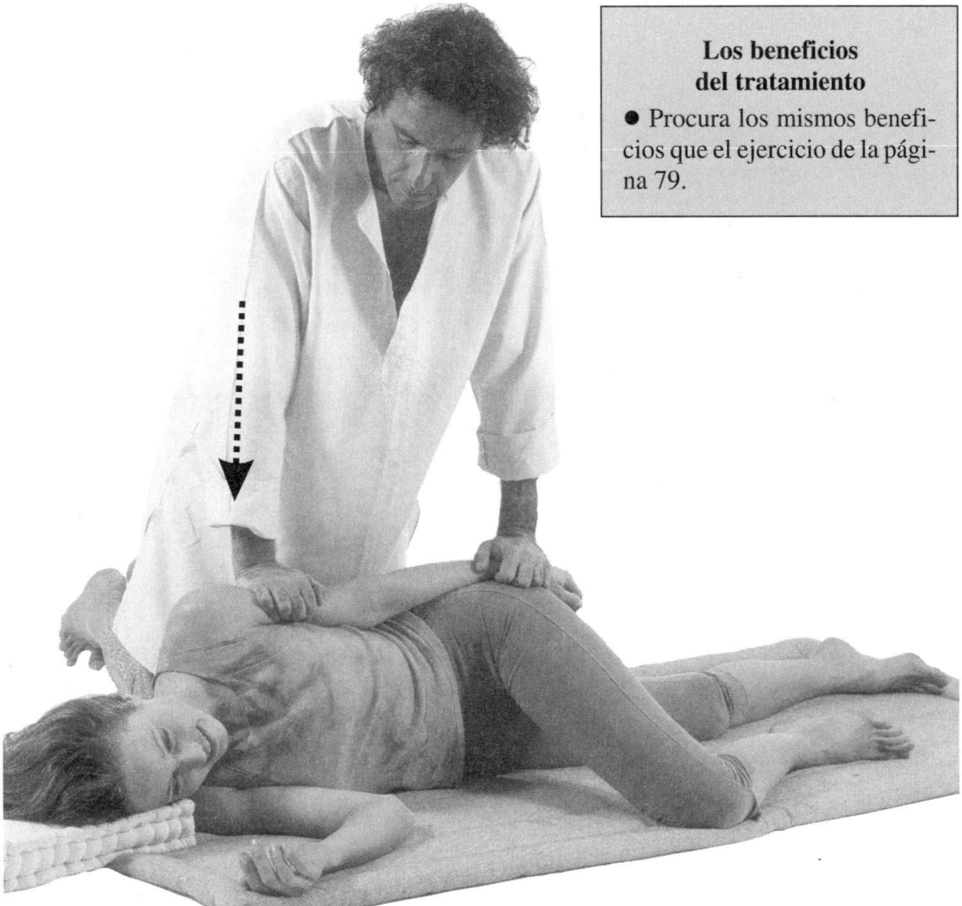

Los beneficios del tratamiento

● Procura los mismos beneficios que el ejercicio de la página 79.

Línea del omóplato

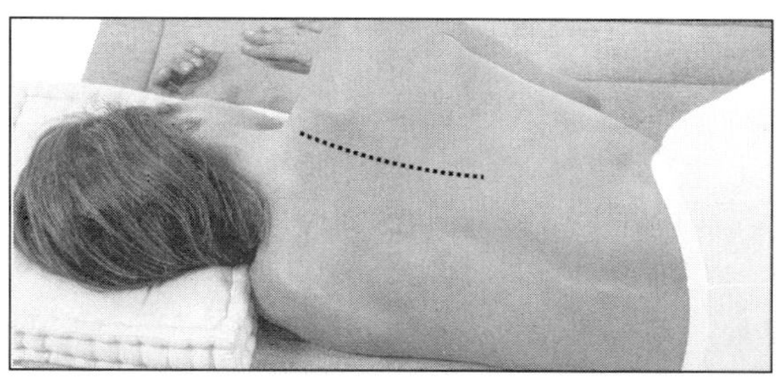

Para que esta manipulación resulte eficaz es necesario adoptar correctamente la postura indicada en la figura, lo que permite ejercer la fuerza necesaria en la presión.

Su pierna debe ayudar a la presión empujando el antebrazo. Su mano se coloca con el pulgar paralelo al omóplato y, al terminar cada presión, efectúa círculos en los tendones moviéndose hacia el omóplato.

Encontrará la línea 2 cerca del omóplato en el interior de un tendón, que se siente al tacto como un cordón.

- *Arrodíllese sobre la pierna izquierda y apoye en el suelo el pie derecho.*
- *Con la mano izquierda mantenga firme el hombro del paciente y, con la derecha, efectúe la digitopresión de la línea.*
- *Mantenga bastante tiempo la presión y, sin disminuirla, haga círculos en el tendón.*
- *Recorra la línea hacia adelante y hacia atrás.*

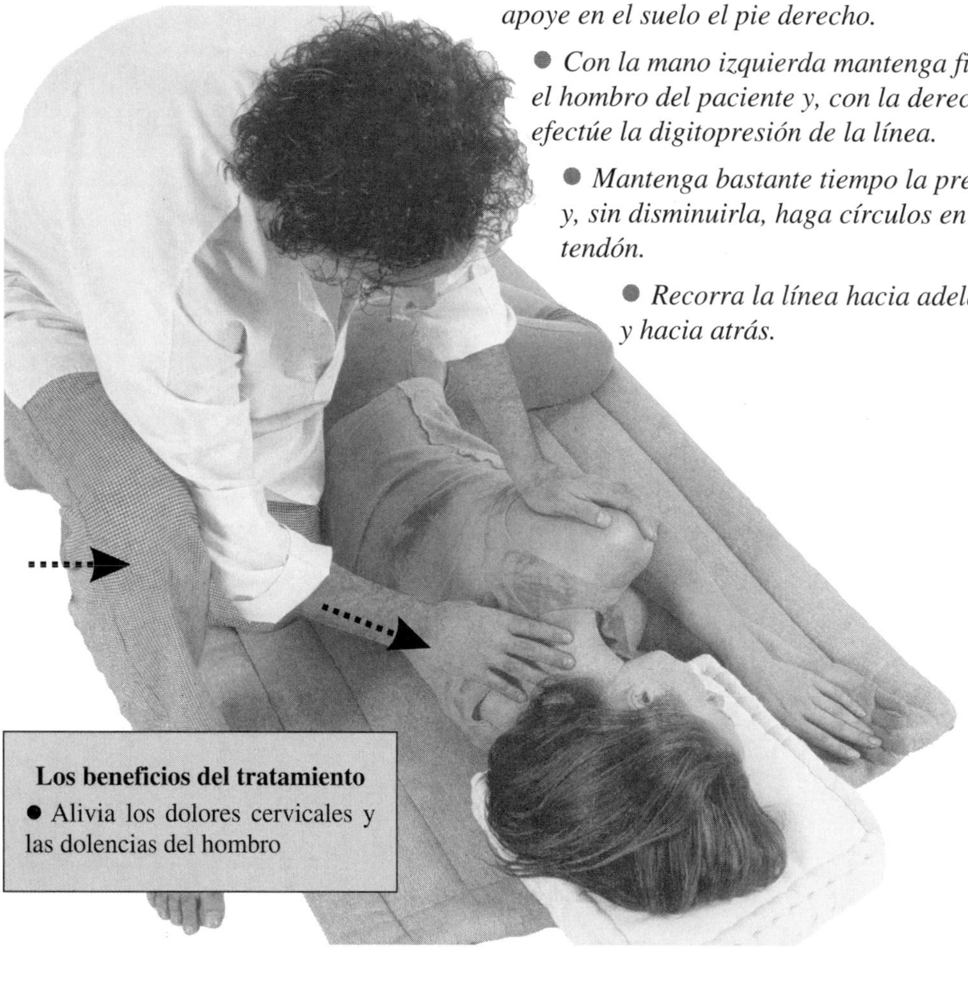

Los beneficios del tratamiento

- Alivia los dolores cervicales y las dolencias del hombro

Torsión de la columna vertebral

En la filosofía yoga se afirma que las condiciones generales de salud y longevidad del individuo son directamente proporcionales a la elasticidad de torsión de la columna.

Los dos ejercicios requieren toda nuestra sensibilidad para resultar eficaces sin sobrepasar los límites de elasticidad del paciente.

En el primer ejercicio no intente llevar el hombro hasta el suelo a cualquier precio. Es indispensable que el paciente esté relajado. Interrumpa el ejercicio cuando advierta una resistencia activa. Sincronice su respiración con la del paciente.

- *Arrodíllese y, con el busto levantado, apoye una mano en la rodilla de la pierna flexionada.*
- *Apoye la otra sobre el tejido blando adyacente al hueso del hombro. Mientras espira, empuje el hombro hacia abajo teniendo la rodilla pegada al suelo (fig. 1).*
- *Mantenga la presión unos instantes y disminúyala poco a poco.*
- *Repita el ejercicio.*

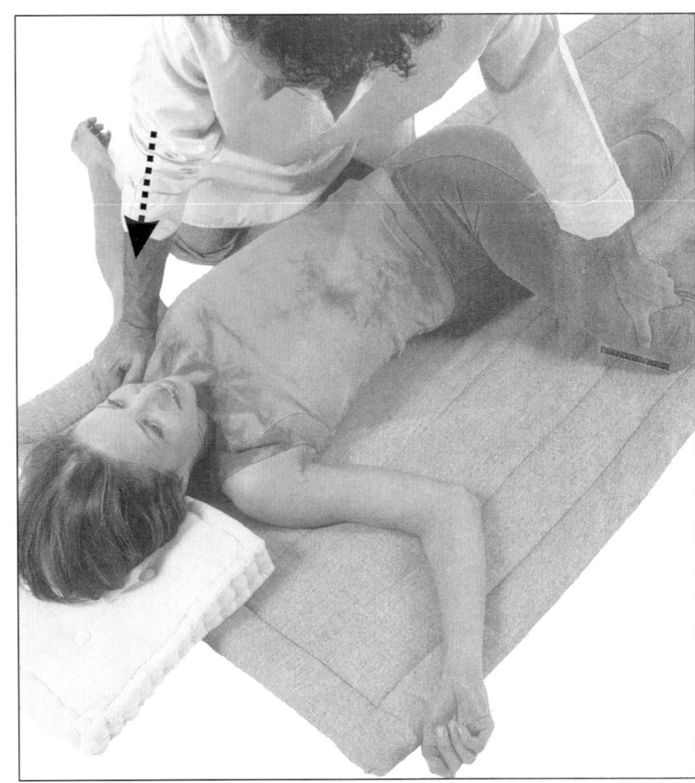

fig. 1

- *Apoye la pierna derecha contra el glúteo del paciente y deslice el pie izquierdo en la corva de la pierna flexionada.*
- *Aferre el brazo derecho con ambas manos. Gradualmente, tire hacia arriba al paciente inclinándose hacia atrás, o sea, usando el cuerpo como contrapeso (fig. 2).*
- *Devuelva con suavidad el paciente al suelo y repita el ejercicio.*

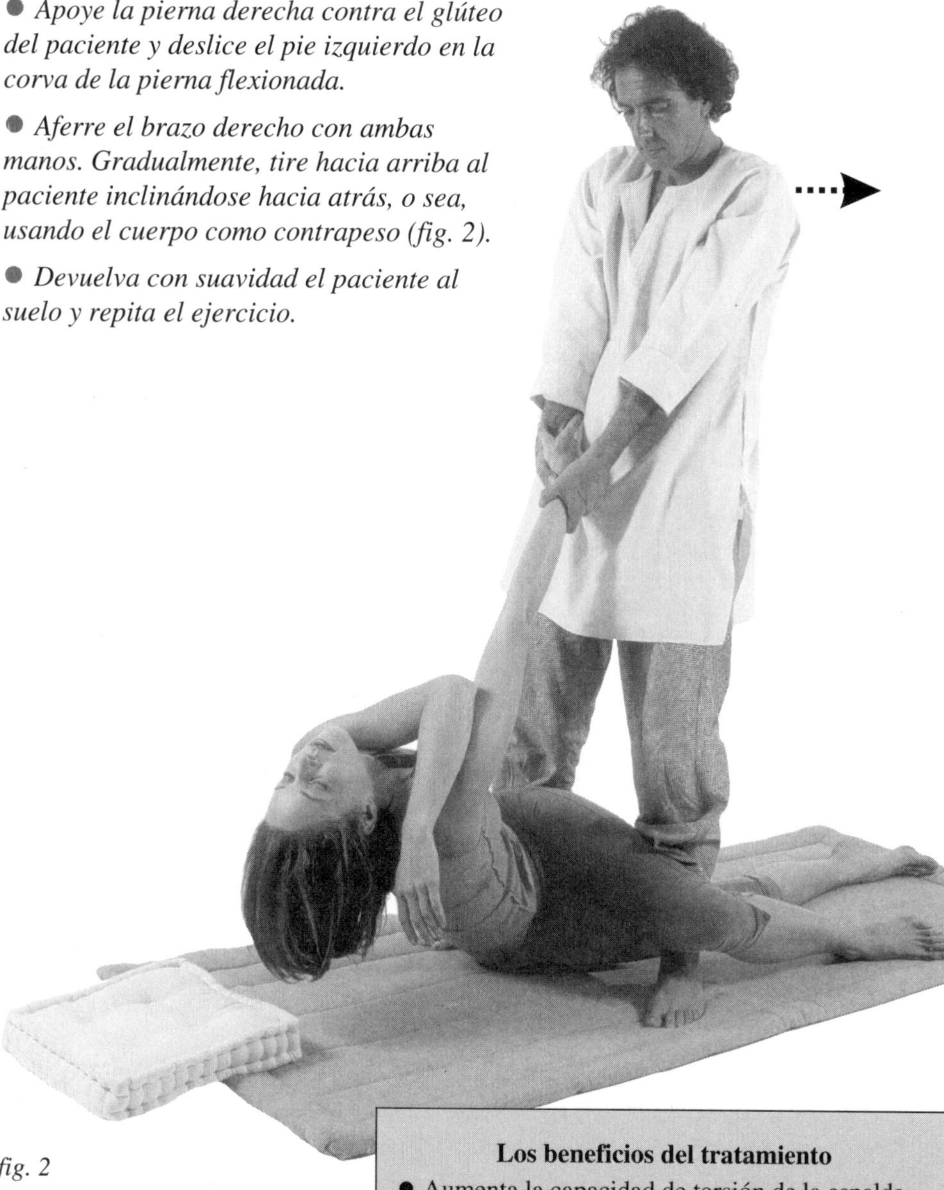

fig. 2

Los beneficios del tratamiento

- Aumenta la capacidad de torsión de la espalda.
- Combate los dolores dorsales y lumbares.
- Relaja la musculatura del hombro y del trapecio.

Media langosta de lado

- *Colóquese casi paralelo al paciente mirando hacia sus pies. Siéntese sobre el talón izquierdo y mantenga la pierna derecha apoyada en el suelo sobre el pie flexionado.*
- *Apoye su rodilla derecha contra la parte lumbar de la espalda (evitando tocar la columna vertebral).*
- *Con la mano derecha aferre el hombro y, con la izquierda, la parte inferior de la rodilla izquierda del paciente. La pierna del paciente tiene la rodilla flexionada y su parte inferior está apoyada en su antebrazo.*
- *Tire al mismo tiempo hacia usted el hombro y la pierna del paciente usando su rodilla como punto de apoyo (fig. 1).*

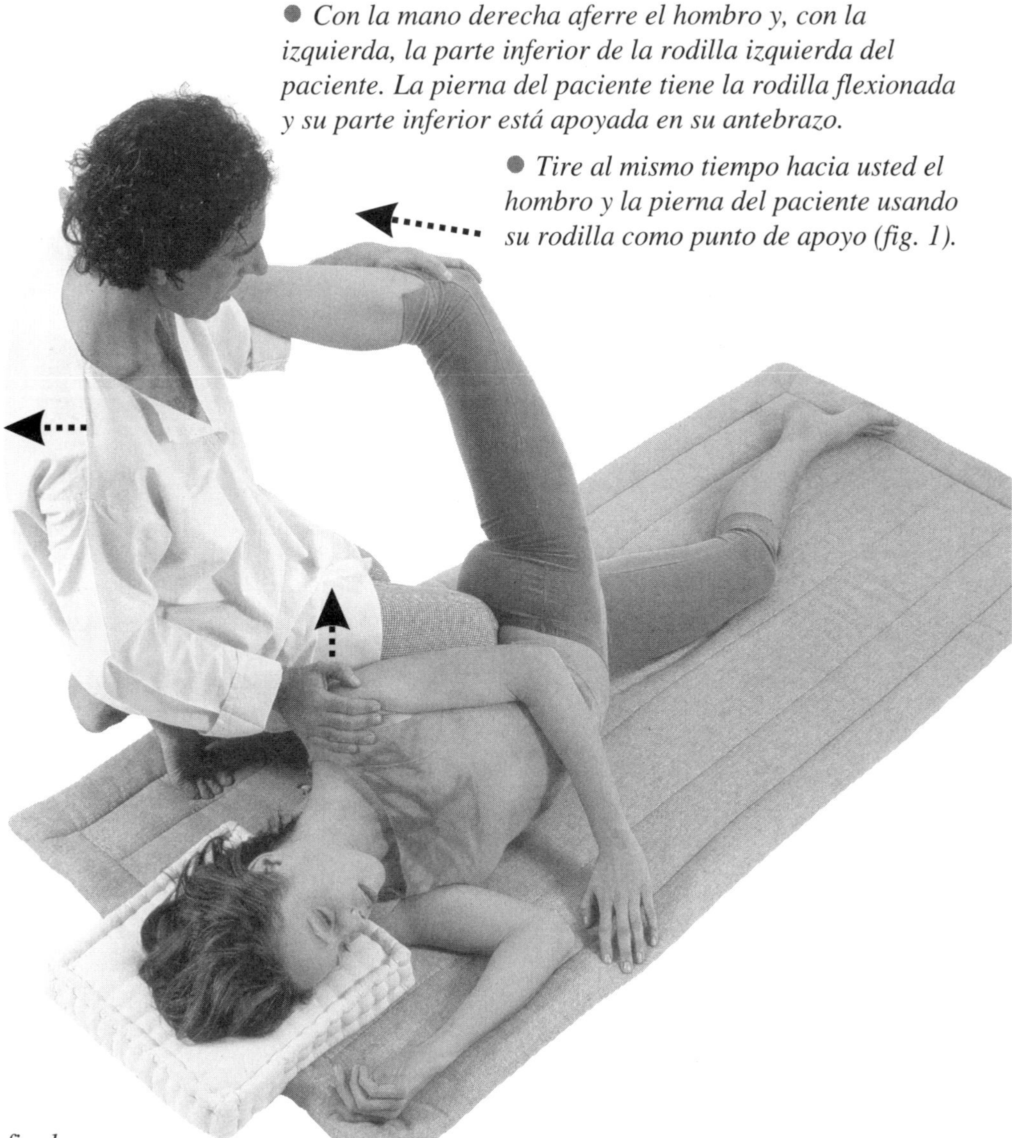

fig. 1

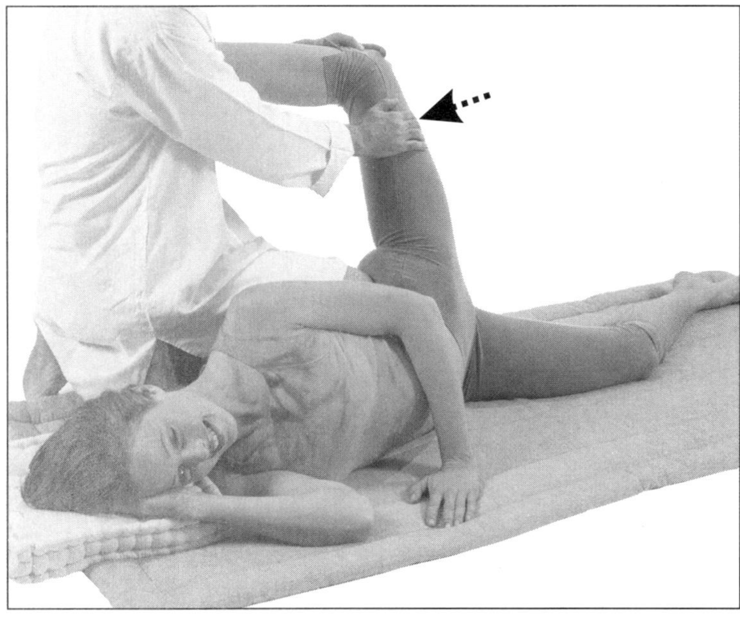

- *Repita el ejercicio desplazando su rodilla a lo largo de la cadera y el glúteo del paciente.*
- *En esta última postura su mano derecha debe desplazarse desde el hombro hasta la parte central de la cadera donde, con los dedos, efectuará las presiones girando ligeramente los músculos (fig. 2).*

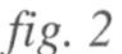

fig. 2

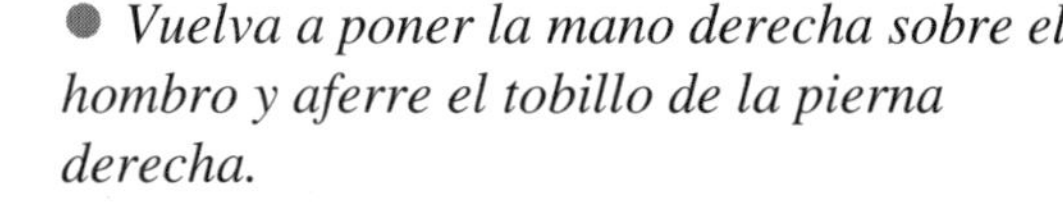

- *Vuelva a poner la mano derecha sobre el hombro y aferre el tobillo de la pierna derecha.*
- *Su rodilla se coloca a la altura de la cadera, por debajo de la columna vertebral.*

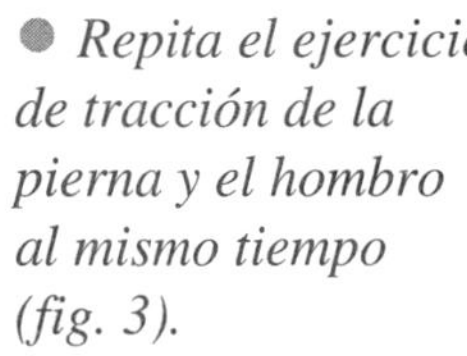

- *Repita el ejercicio de tracción de la pierna y el hombro al mismo tiempo (fig. 3).*

fig. 3

- *Aferre la pierna derecha del paciente manteniendo una mano por debajo de la rodilla y la otra sobre el dorso del pie.*
- *Levante la rodilla del paciente del suelo y, al mismo tiempo, empuje el pie hacia abajo flexionando el tobillo (fig. 4).*

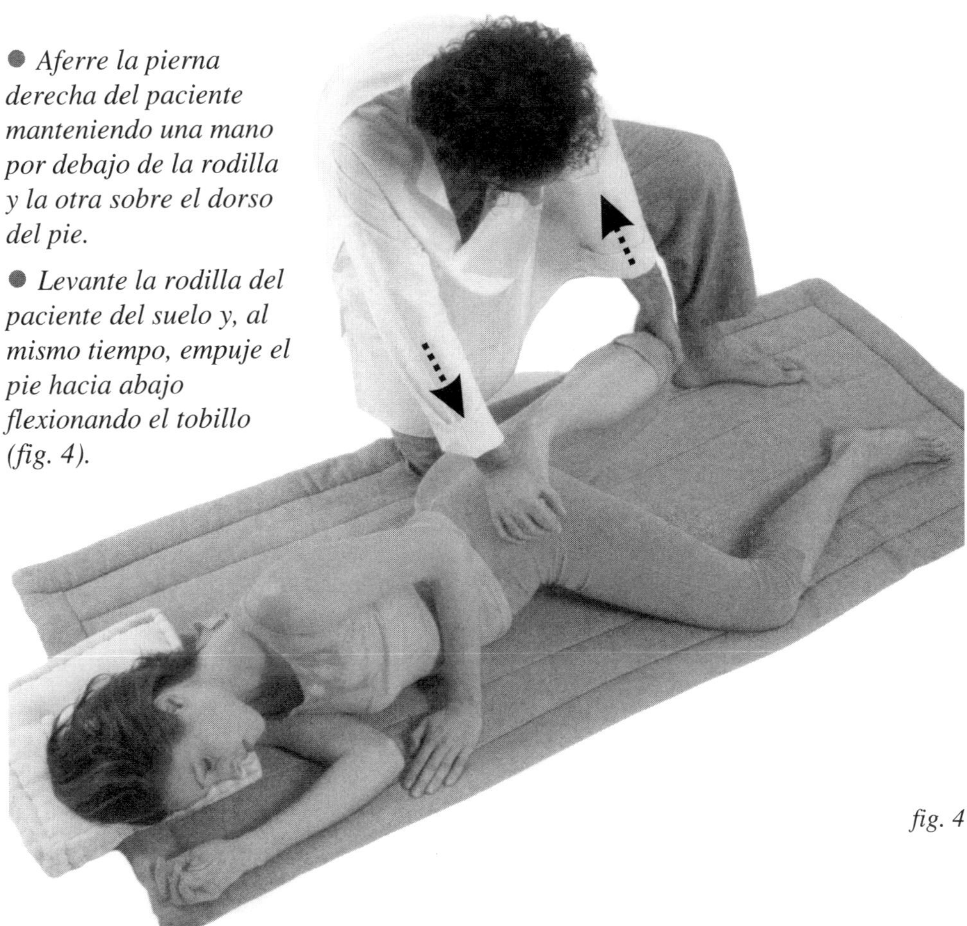

fig. 4

Los beneficios del tratamiento

- Alivia los dolores ciáticos, los dolores de las caderas y los dolores lumbares

! Muy a menudo, al realizar este ejercicio, sólo logrará levantar la rodilla pocos centímetros. No fuerce el estiramiento.

COLÓQUESE EN EL OTRO LADO DEL PACIENTE Y REPITA TODOS LOS EJERCICIOS DESDE LA PÁGINA 90 HASTA LA PÁGINA 101.

Posición prona

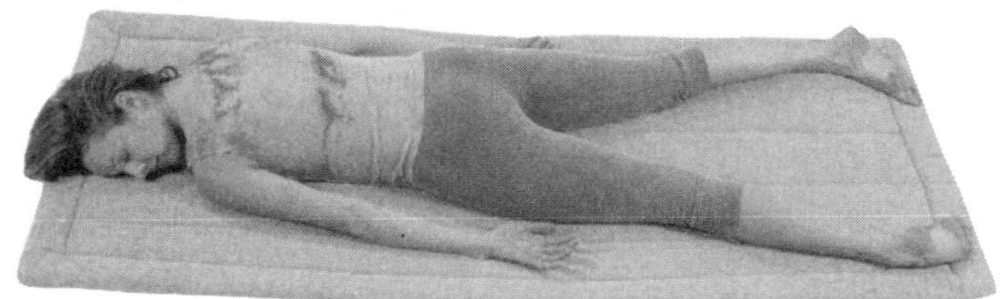

Línea posterior de la pierna
Líneas exteriores extendidas
Flexión del muslo
Caminata sobre los muslos
Estiramiento del cuádriceps
Estiramiento del pie
Media langosta
Langosta
Presión de la espalda
Líneas de la espalda
Cobra
Arco

Línea posterior de la pierna

Digitopresión

La primera intervención que debe efectuarse en esta línea es la digitopresión. Se puede trabajar una pierna por vez (fig. 1) o ambas al mismo tiempo.

La elección dependerá de la cantidad de fuerza que tengamos en los pulgares y de las condiciones musculares del paciente.

De todos modos, en la mayor parte de los casos será posible trabajar al mismo tiempo ambos miembros inferiores con buenos resultados.

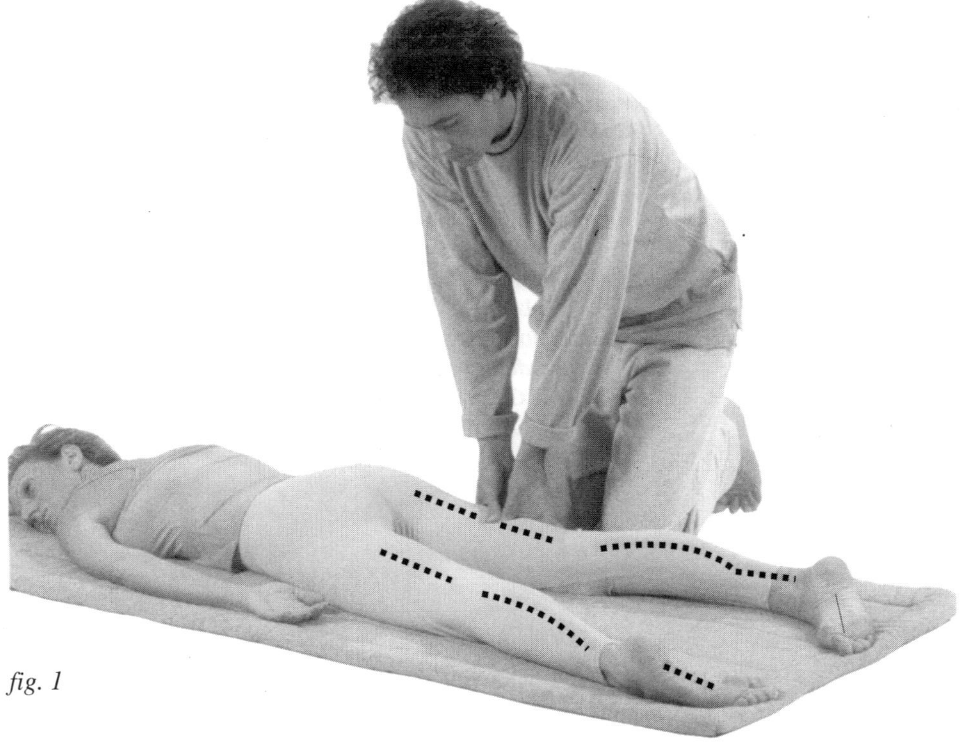

fig. 1

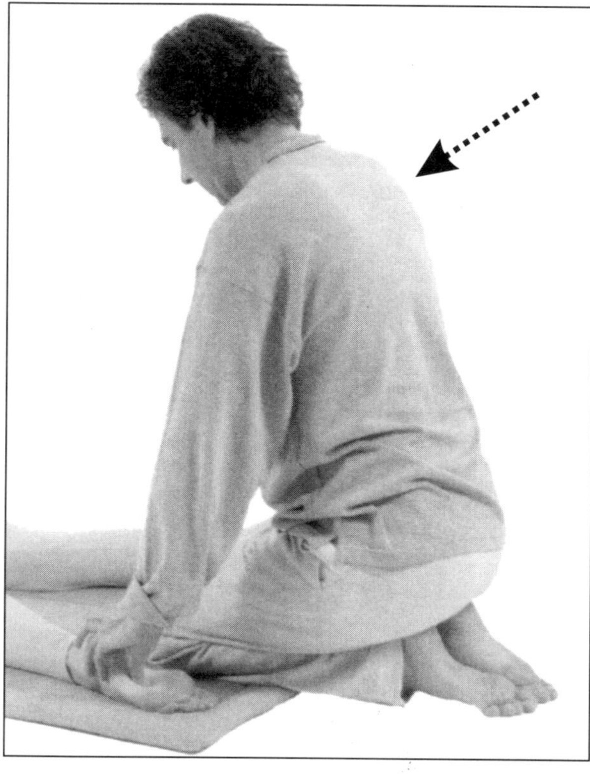

- *Sentado sobre sus talones, aferre los del paciente, y con las manos y los pulgares, empiece a efectuar la digitopresión a partir de la parte central de la planta del pie (fig. 2).*
- *Evite tocar la parte posterior de la rodilla y continúe la digitopresión hasta llegar cerca de los glúteos, desde allí vuelva hacia atrás recorriendo otra vez las piernas hasta llegar a la planta del pie.*

fig. 2

- *Continúe la digitopresión en la parte central de las piernas (fig. 3). El meridiano se encuentra justo en el centro de la pierna y la correcta postura de ésta nos permite efectuar las presiones ejerciendo una fuerza perfectamente vertical.*

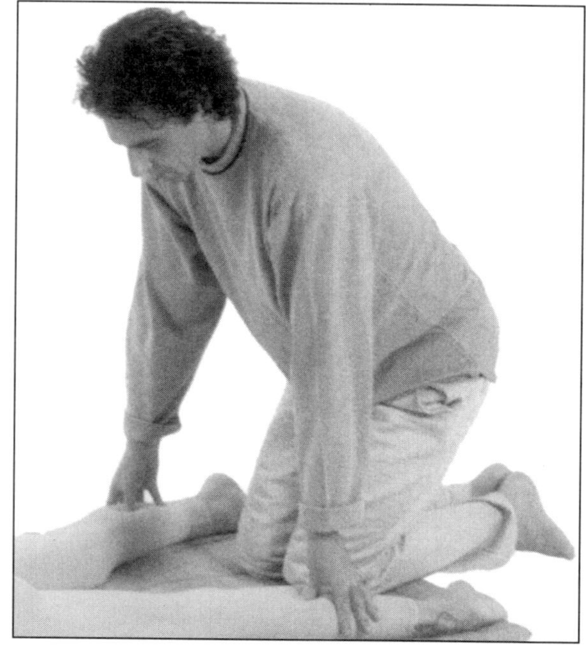

fig. 3

Presión

- *Trate la línea de la pierna con presiones palmares. Empiece desde los pies (fig. 4), continúe sobre las piernas evitando comprimir la corva (fig. 5) y llegue hasta la parte blanda de los glúteos, en el exterior de los tramos óseos (fig. 6).*
- *Vuelva hacia atrás hasta los pies.*

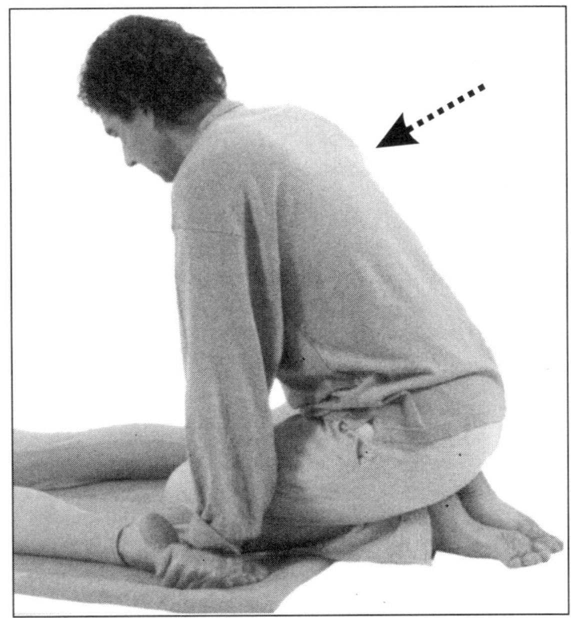

fig. 4

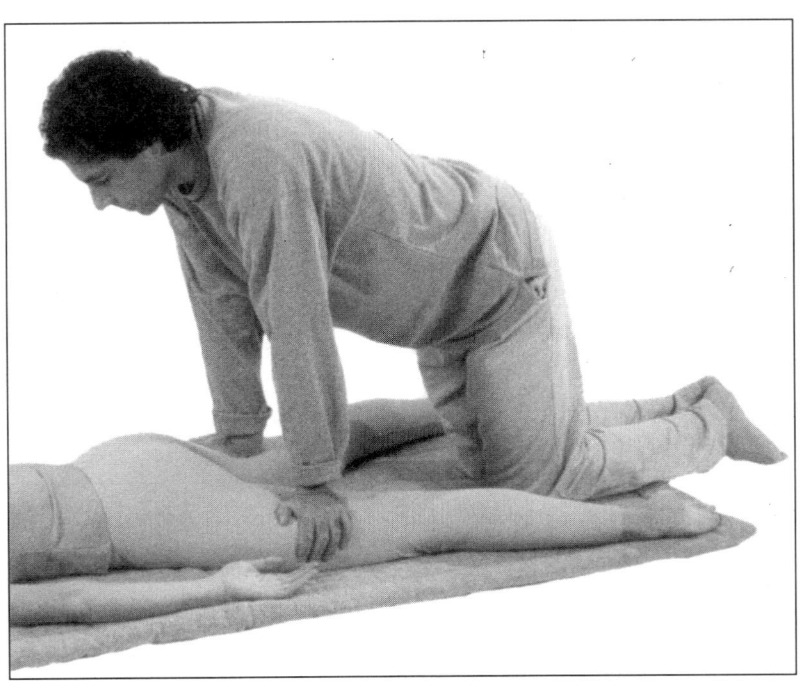

fig. 5

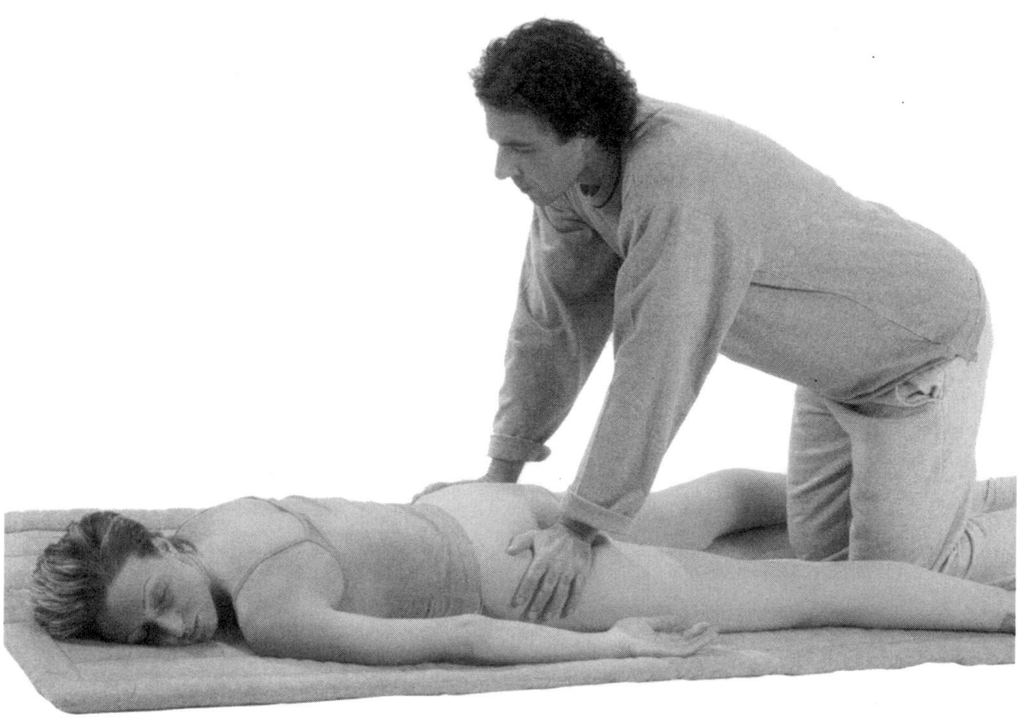

fig. 6

❗ Tanto en la digitopresión como en la presión tenga cierta cautela cuando esté en la parte inferior de la pierna.
En presencia de contracturas u otras disfunciones, una acción demasiado enérgica puede resultar dolorosa. En este caso, modere la presión y vuelva a pasar varias veces sobre la parte con la digitopresión hasta que sienta que los músculos se han vuelto más blandos.
En cambio, puede usar todo el peso del cuerpo en la parte superior de la pierna, cuya enérgica estimulación resultará más bien agradable.
Si los miembros inferiores que hay que tratar son muy largos, puede desplazarse de la postura inicial para buscar una más idónea.

Los beneficios del tratamiento

- Relaja toda la musculatura posterior de los miembros.
- Despega las fascias musculares, lo que confiere una sensación general de ligereza.
- Tiene un efecto coadyuvante en el tratamiento de los dolores lumbares.
- Reactiva la circulación venosa y linfática al eliminar el exceso de líquidos, causa frecuente de celulitis.

Líneas exteriores extendidas

En los próximos movimientos actuaremos sobre dos de las líneas exteriores de la pierna ya tratadas en posición supina.

En esta posición el trabajo podrá realizarse manteniendo el músculo estirado, con lo que se obtiene una acción más profunda.

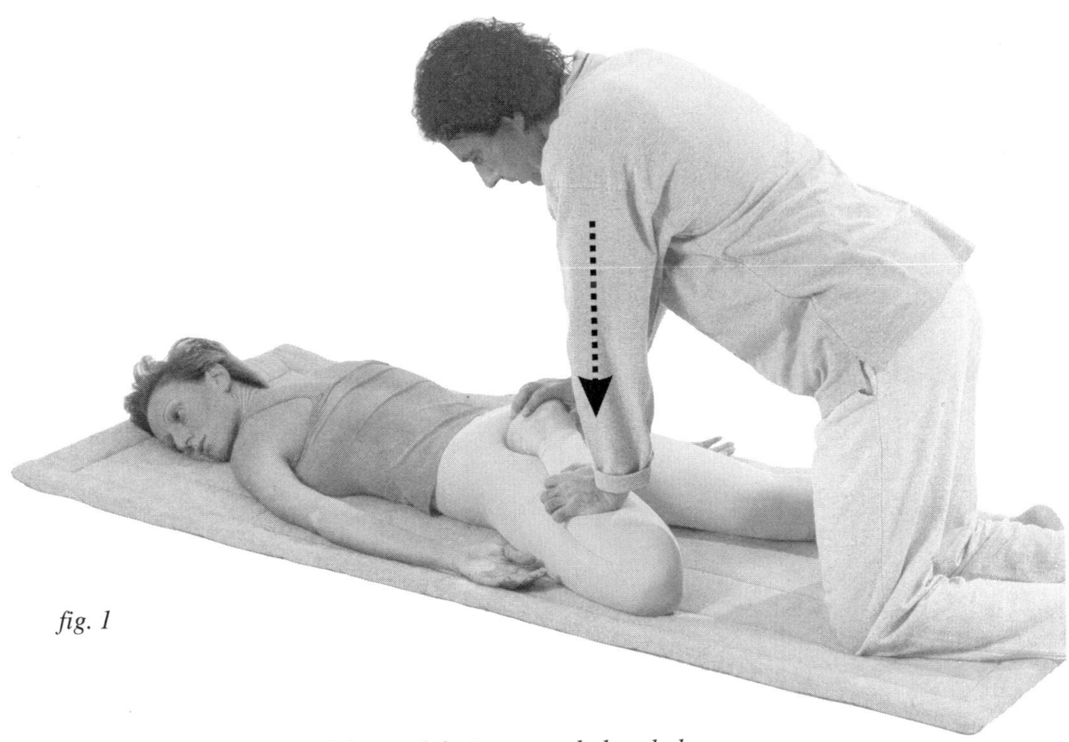

fig. 1

- *De rodillas, aferre el dorso del pie cerca de los dedos.*
- *Empuje el pie hacia el glúteo, flexionando la pierna lo más posible, pero sin forzar, respetando las características del paciente.*
- *En este punto, con el brazo extendido, ejerza presiones con la palma de la mano sobre la primera línea exterior de la parte inferior de la pierna (la adyacente a la tibia), hacia adelante y hacia atrás (fig. 1).*

- *Doble entonces la pierna del paciente hacia el interior apoyando el pie contra la parte posterior del muslo de la otra pierna.*
- *Sostenga firme el pie apoyando una mano en él y, con la otra, efectúe la presión palmar partiendo del glúteo (fig. 2) y bajando por toda la segunda línea exterior de la pierna hasta el tobillo (fig. 3).*
- *Vuelva hacia atrás, hasta el glúteo.*

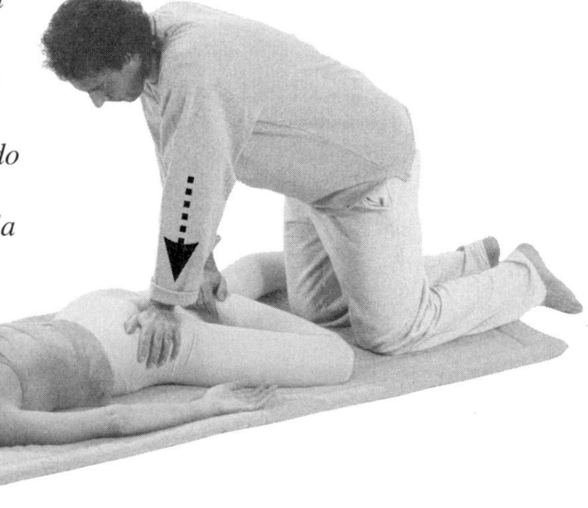

fig. 2

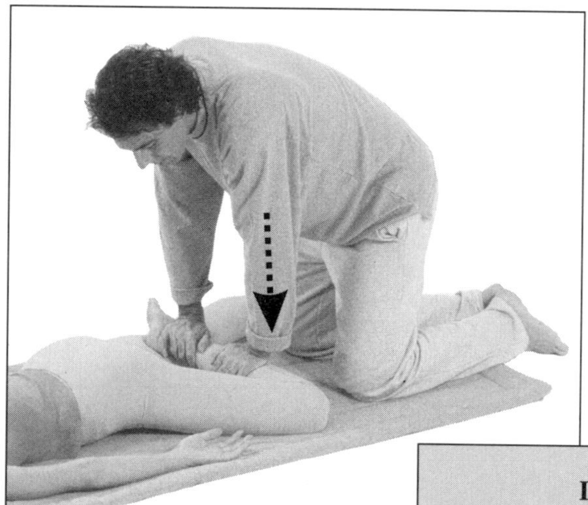

fig. 3

! En el primer movimiento, si el paciente tiene poca elasticidad, ponga atención en no forzar la extensión de la pierna y del tobillo.
En el segundo movimiento, asegúrese de que el maléolo pueda apoyarse en la otra pierna de manera indolora.

Los beneficios del tratamiento

- El primer movimiento ayuda a mejorar la flexibilidad de cadera y rodilla, estira y relaja los músculos anteriores de la cadera, alivia la tensión de la zona lumbar.
- El segundo movimiento es muy útil en el tratamiento de los dolores ciáticos y los articulares de la parte lateral de la rodilla. Además, la presión que se ejerce sobre la pierna activa delicadamente los huesos y las articulaciones, lo que contribuye a prevenir artrosis y osteoporosis.

REPITA LOS DOS MOVIMIENTOS SOBRE LA OTRA PIERNA

Flexión del muslo

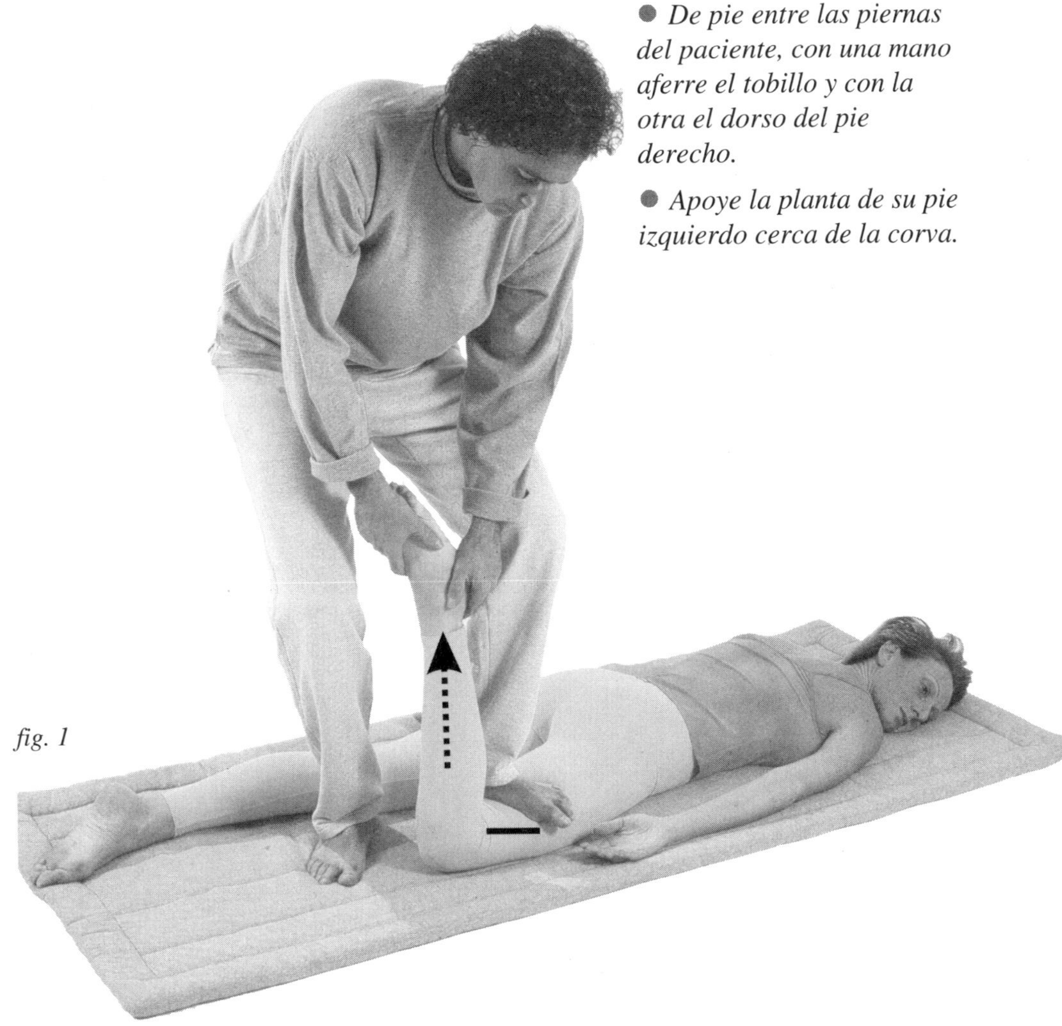

fig. 1

- *De pie entre las piernas del paciente, con una mano aferre el tobillo y con la otra el dorso del pie derecho.*
- *Apoye la planta de su pie izquierdo cerca de la corva.*
- *Flexione y doble su pierna derecha para poder apoyar en ella su antebrazo derecho. Sosteniendo con el pie la pierna del paciente en el suelo, tire hacia arriba la pierna aprovechando la palanca que hace su brazo sobre su pierna y flexione ligeramente el muslo del paciente (fig. 1).*
- *Repita el movimiento a todo lo largo del muslo y vuelva hacia atrás.*

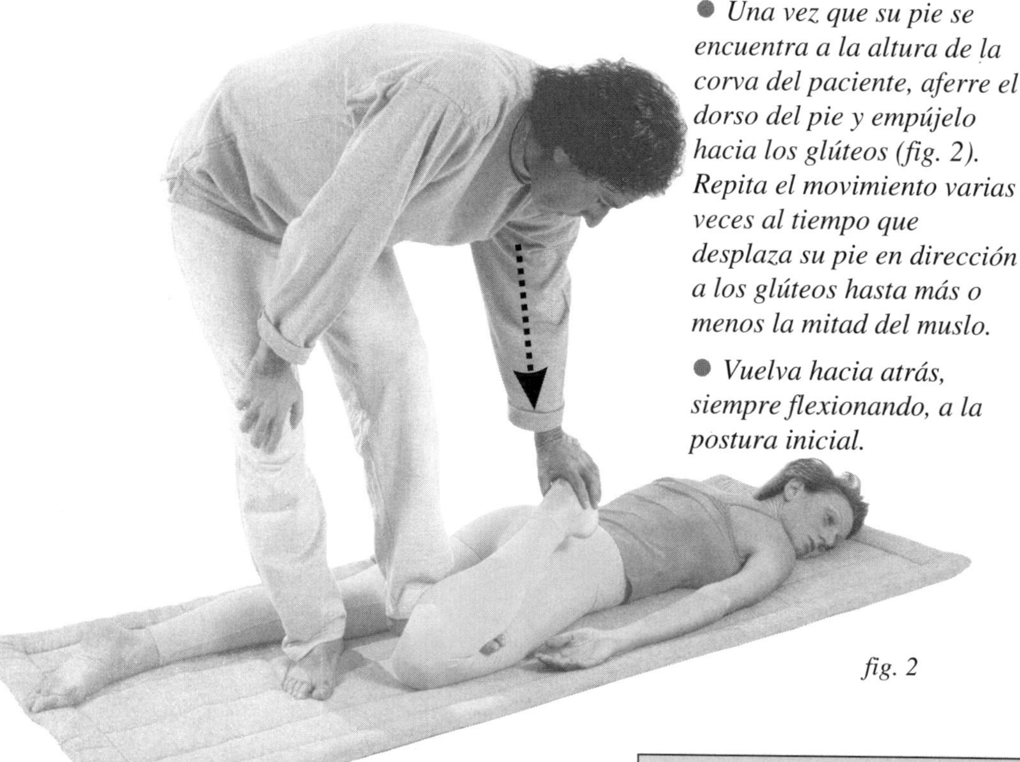

- *Una vez que su pie se encuentra a la altura de la corva del paciente, aferre el dorso del pie y empújelo hacia los glúteos (fig. 2). Repita el movimiento varias veces al tiempo que desplaza su pie en dirección a los glúteos hasta más o menos la mitad del muslo.*
- *Vuelva hacia atrás, siempre flexionando, a la postura inicial.*

fig. 2

! En el primer movimiento, el pie empuja el muslo del paciente lo necesario para tenerlo pegado al suelo y, en este sentido, lo ayuda el brazo que, al hacer de palanca sobre su pierna, imprime un impulso hacia abajo. Al ejercer esta palanca puede evitar exigirles una carga excesiva a su espalda y a sus hombros. El impulso de la pierna hacia arriba debe ser bastante decidido y tiene que poder ver el muslo del paciente plegarse un poco.

En el segundo movimiento, la única precaución concierne a la extensión del tobillo en el caso de articulaciones poco flexibles.

Los beneficios del tratamiento

- El primer movimiento relaja y «despega» la musculatura posterior de la pierna, aliviando los dolores lumbares. El eventual crujido del tobillo es índice de que esta importante articulación se ha recolocado de manera útil e indolora.
- El segundo movimiento relaja la pantorrilla, refuerza los ligamentos de la rodilla y estira los músculos abductores.
- Ambos movimientos drenan el exceso de líquidos.

REALICE LOS EJERCICIOS SOBRE LA OTRA PIERNA

Caminata sobre los muslos

Puede realizar este ejercicio si el peso del cuerpo del paciente no es demasiado inferior al suyo.

- *Manténgase en equilibrio aferrando las manos del paciente mientras sube delicadamente por los muslos.*
- *Camine hacia adelante y hacia atrás, evitando los glúteos y las corvas.*

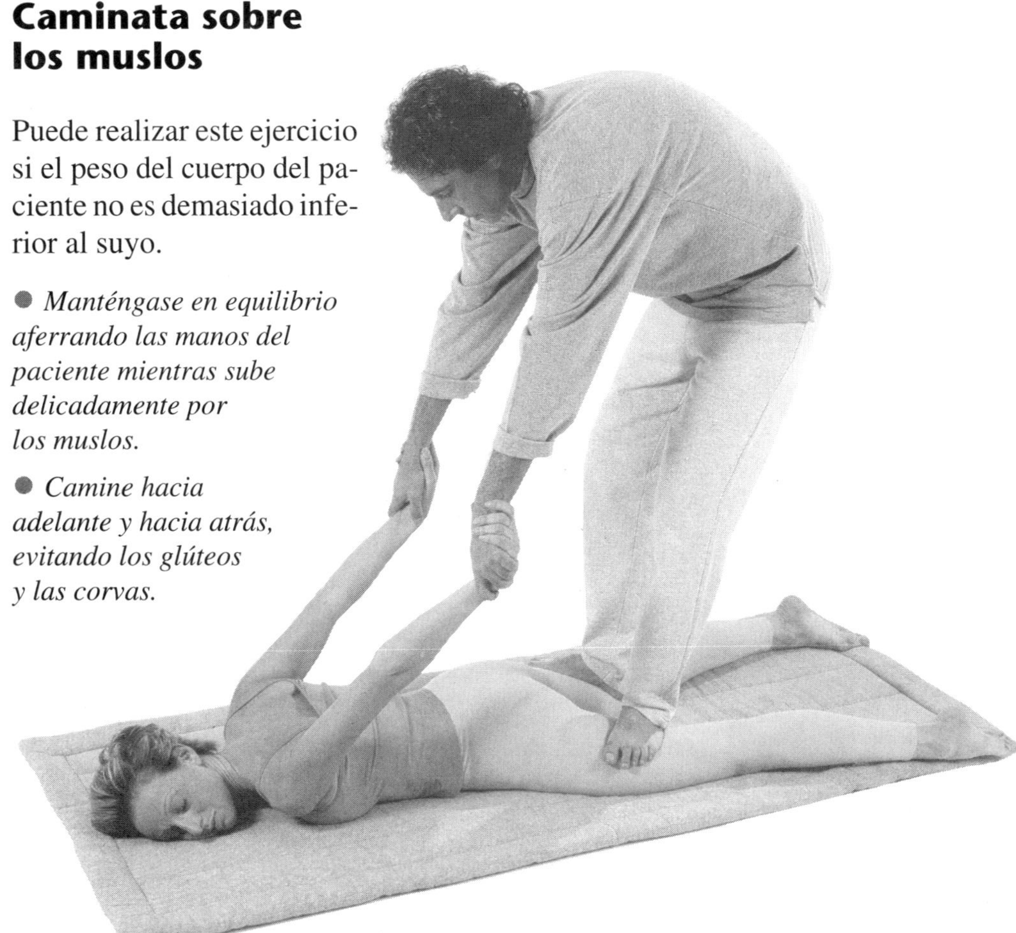

! Según las particularidades y las condiciones del paciente, este tratamiento puede ser muy agradable o extremadamente doloroso. Aplique, pues, la máxima cautela.

Los beneficios del tratamiento

- Procura resultados similares a los descritos para la flexión del muslo (véase pág. 112).

Estiramiento del cuádriceps

! En este movimiento no logrará que todas las personas toquen los glúteos con los talones. Use su sensibilidad para comprender el límite de su paciente. Si la persona siente dolores tenderá a contraerse y el ejercicio resultará más nocivo que beneficioso. También el tobillo podría resentirse por un excesivo estiramiento.

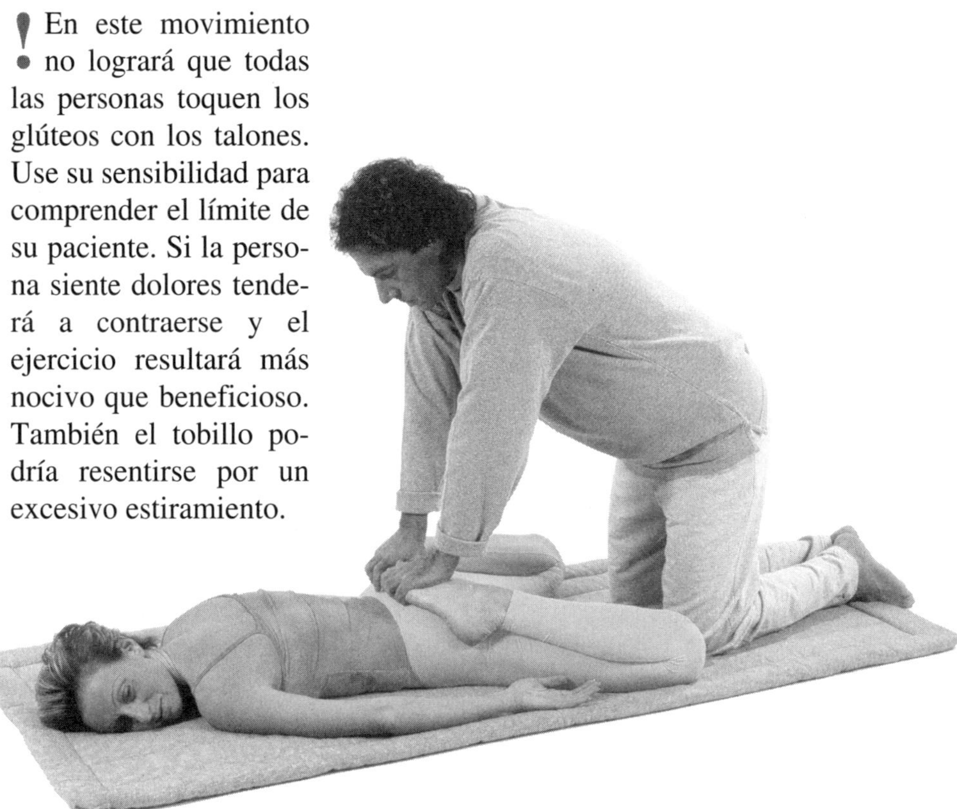

fig. 1

● *Arrodíllese con el busto elevado, aferre el dorso de los pies y, con los brazos extendidos, empújelos hacia los glúteos (fig. 1).*

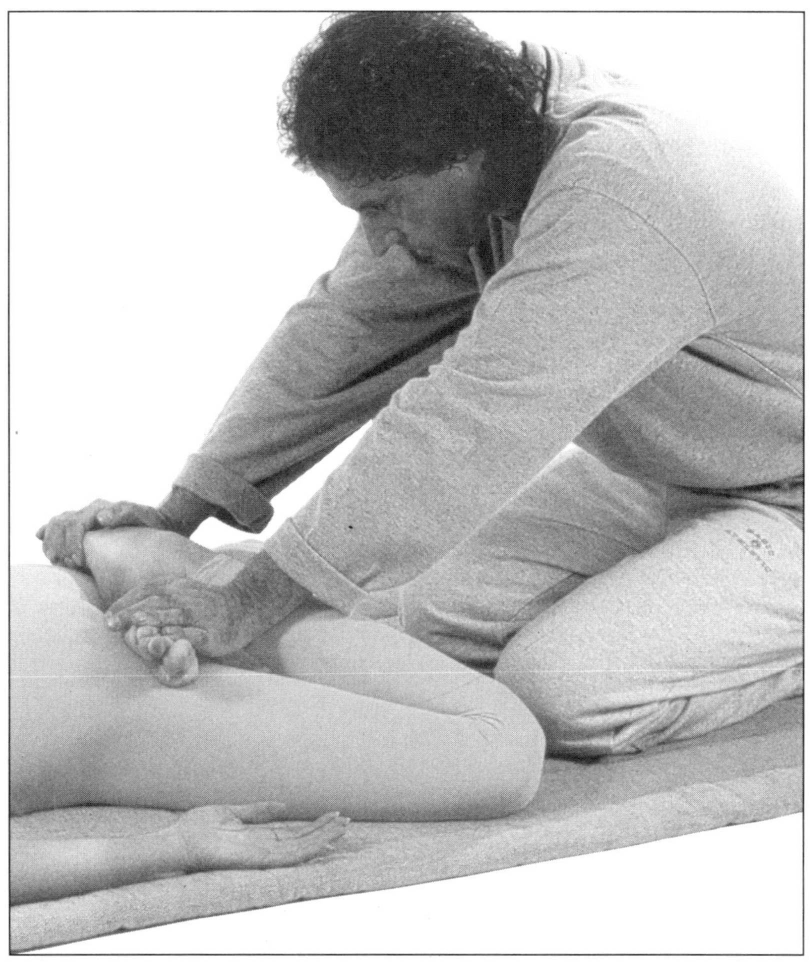

fig. 2

- *Lleve hacia atrás los pies y siéntese sobre los talones. Cruce las piernas un poco por encima de los tobillos y, manteniendo las manos sobre el dorso de los pies, vuelva a empujar los talones hacia los glúteos (fig. 2).*
- *Repita invirtiendo el cruce.*

Los beneficios del tratamiento

- Estira los músculos anteriores de la cadera.
- Da más movilidad a los tobillos.
- Cura los dolores lumbares y ciáticos y los problemas de cadera.
- Distiende agradablemente toda la musculatura de la parte baja de la espalda.

Estiramiento del pie

! No escatime energía en este movimiento, pues no causará dolor alguno y, muy a menudo, provocará el crujido de los pies.

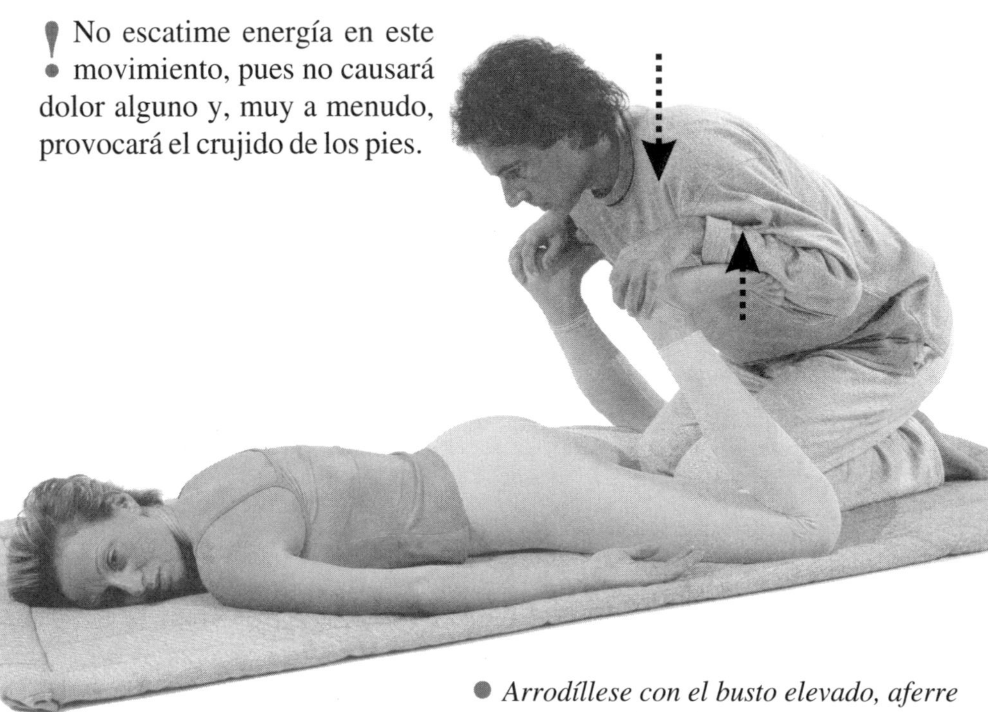

- *Arrodíllese con el busto elevado, aferre los talones del paciente y apoye sus antebrazos en las plantas de los pies.*
- *Baje el busto como para sentarse y, al mismo tiempo, empuje con fuerza hacia abajo los antebrazos ayudándose con el peso de su cuerpo. Asegúrese de que sus antebrazos se apoyan sobre todos los dedos del pie, en especial sobre el dedo gordo.*

Los beneficios del tratamiento

- El estiramiento y la acción de recolocar los pies aportan, indirectamente, incalculables beneficios a todo el cuerpo. Una mayor flexibilidad de los pies amortigua los pasos y evita que lo que se les exige se trasmita a todo el cuerpo. Quien conozca la reflexología podal puede imaginar con facilidad las consecuencias beneficiosas, mucho más allá de las descritas, que este movimiento permite conseguir.

Media langosta

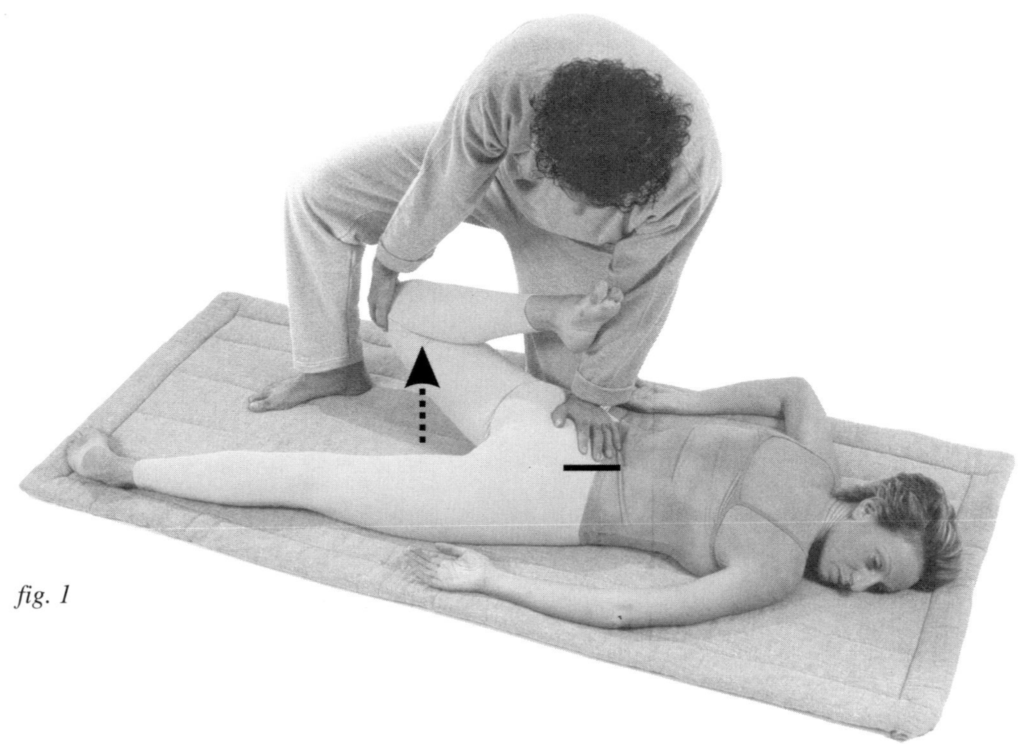

fig. 1

- *Colóquese a la izquierda del paciente, con la rodilla izquierda en tierra y la pierna apoyada en el pie.*
- *Ponga su mano derecha debajo de la rodilla izquierda del paciente y apoye la izquierda sobre el glúteo. Levante la pierna manteniendo firme el glúteo y haciendo palanca sobre el mismo. Lleve la pierna lo más alto que pueda (fig. 1).*

● *Vuelva a colocar la pierna en el suelo.*

● *Desplace su mano izquierda al centro de la parte lumbar de la espalda y repita el movimiento anterior haciendo palanca en este punto (fig. 2). La mano derecha debe apoyarse de manera tal que la columna se encuentre en correspondencia con su hueco y que, por lo tanto, no sea presionada directamente.*

● *Puede repetir los movimientos con la otra pierna manteniendo la misma postura o, si le resulta más cómodo, desplazándose al otro lado.*

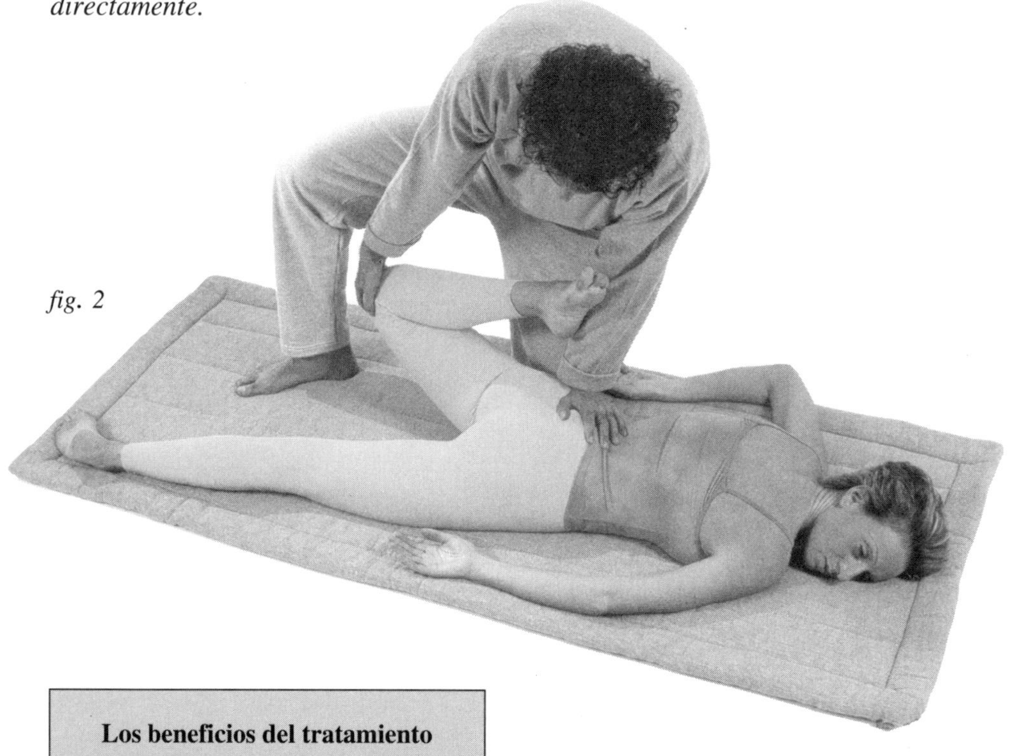

fig. 2

Los beneficios del tratamiento

- Previene y cura dolores de cadera, dolores ciáticos y lumbares.
- Relaja los músculos y las articulaciones de la zona y corrige su postura.

! Antes de realizar los dos movimientos, pídale al paciente que relaje los músculos de los glúteos.

Langosta

- *Aferre los tobillos del paciente y levante los pies.*
- *Apoye su pie izquierdo en el suelo perpendicular a la columna vertebral del paciente y cerca de sus glúteos.*
- *Apoye la planta del pie derecho cerca de la protuberancia del hueso sacro en dirección a la cabeza del paciente.*
- *Apriete su pie derecho sólo lo necesario para que la pelvis quede apoyada en el suelo y levante lo más posible las piernas (fig. 1).*

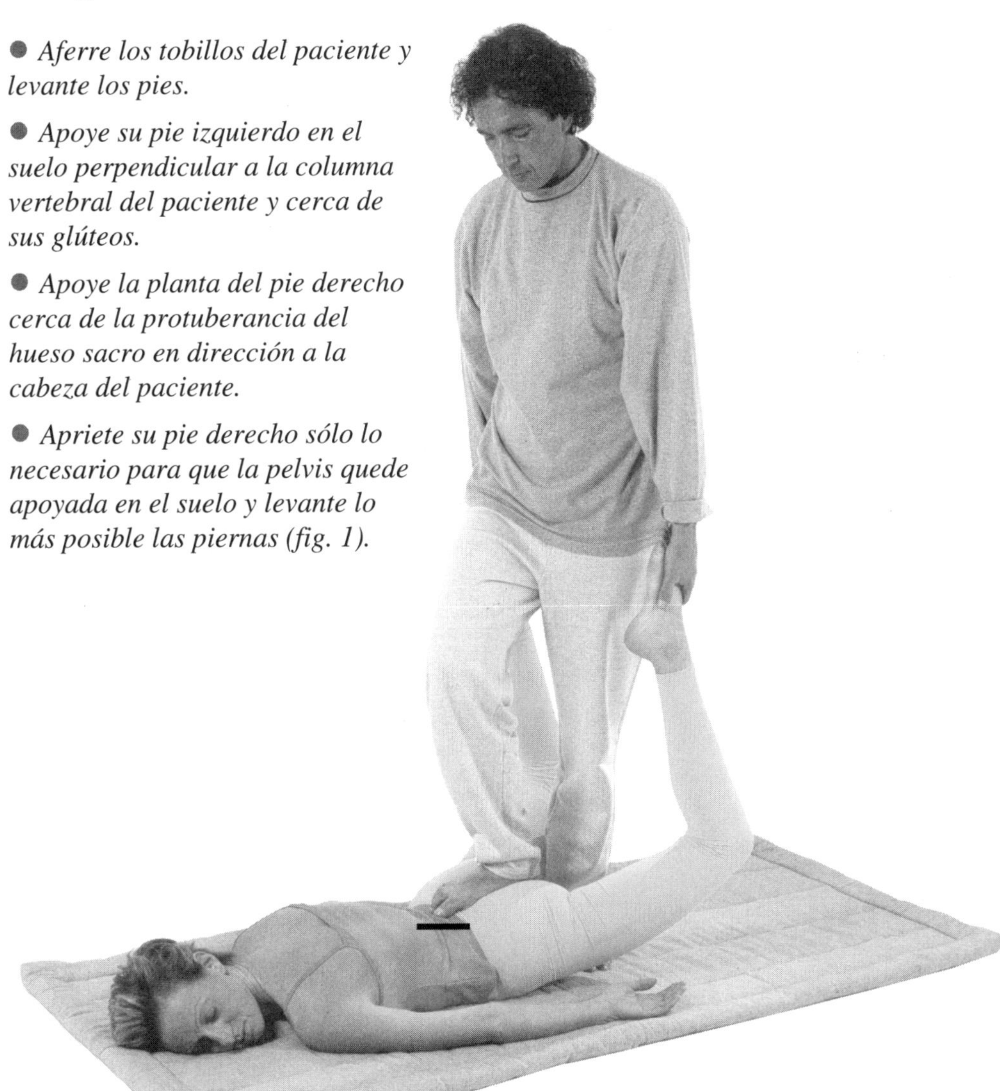

fig. 1

● *Vuelva a poner las piernas en el suelo y coloque el pie derecho en la parte baja de la espalda manteniéndolo paralelo al pie izquierdo.*

● *De esta manera la columna vertebral se encuentra en correspondencia con el hueco del pie y no es presionada directamente.*

● *Levante de nuevo las piernas lo más posible (pero no empuje más de lo necesario) haciendo palanca con el pie derecho (fig. 2).*

● *Baje las piernas del paciente y repita el ejercicio colocando su pie apenas por debajo de los omóplatos.*

● *Vuelva hacia atrás repitiendo los movimientos anteriores.*

! Asegúrese de que los glúteos y los músculos de las piernas estén relajados.

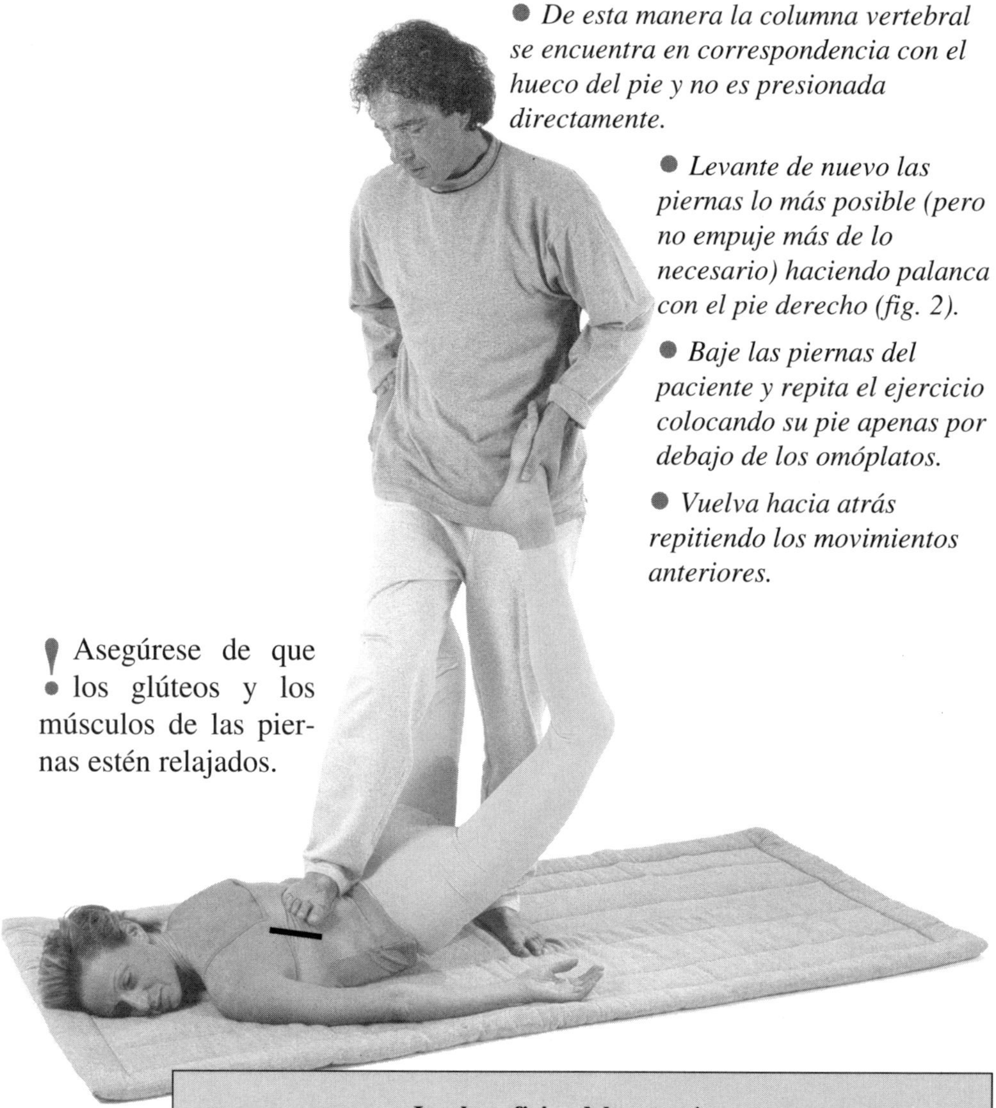

fig. 2

Los beneficios del tratamiento

- Previene y cura dolores y problemas de la parte dorsal de la espalda.
- Mantiene flexible la columna vertebral.
- El estiramiento que proporciona el punto de apoyo en el hueso sacro estira de manera decisiva los músculos de las caderas, drena la retención linfática y activa las funciones renales.

Presión de la espalda

- *Separe las piernas del paciente y trate de girar sus pies lo más posible hacia adentro.*
- *De esta manera, las piernas predispondrán naturalmente el espacio, apenas por debajo de los glúteos, donde apoyar sus rodillas sin causar dolor. Los brazos del paciente deben estar extendidos a lo largo de los costados.*
- *Antes de empezar el tratamiento sincronice su respiración con la del paciente de manera que la espiración se produzca durante la presión. Esto favorecerá el relajamiento de la musculatura y aumentará la eficacia del tratamiento.*
- *Con las manos en mariposa, los brazos bien estirados y utilizando todo el peso del cuerpo, efectúe presiones palmares a lo largo de la espalda subiendo hacia la cabeza (fig. 1).*

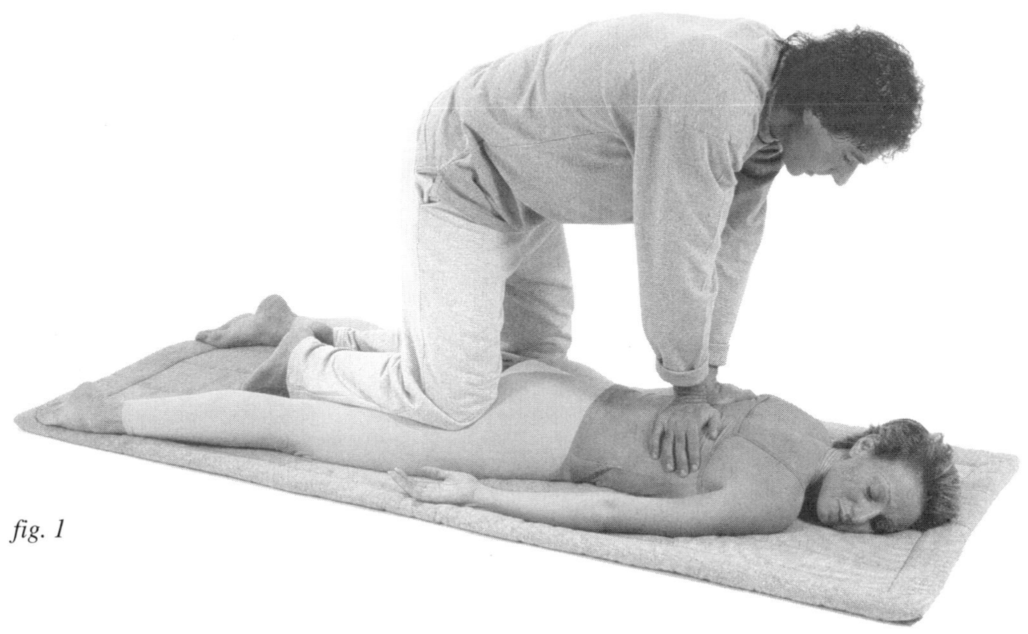

fig. 1

● *Al llegar a la altura de los hombros, continúe con la presión en los brazos (fig. 2) evitando el hueco del codo y vuelva hacia atrás recorriendo otra vez brazo y espalda. Muy a menudo sentirá crujir las articulaciones vertebrales.*

fig. 2

! Normalmente estas presiones no resultan dolorosas, salvo en los casos de serios problemas en la zona lumbar. Otra veces el paciente es demasiado largo para poder actuar sobre él hasta el extremo de la espalda. En ambos casos es necesario ejercer la presión mínima que resulte eficaz, teniendo mucho cuidado de no forzar. En ningún caso debe comprimir directamente la columna vertebral.

Los beneficios del tratamiento

● Corrige la postura de la columna vertebral y es especialmente útil en caso de problemas discales.

● Relaja los músculos de la espalda y los prepara para las manipulaciones siguientes.

Líneas de la espalda

Son dos las líneas a lo largo de la espalda. La primera se encuentra en el tejido blando inmediatamente adyacente a ambos lados de la columna vertebral y la segunda exactamente adyacente a la primera hacia el exterior.

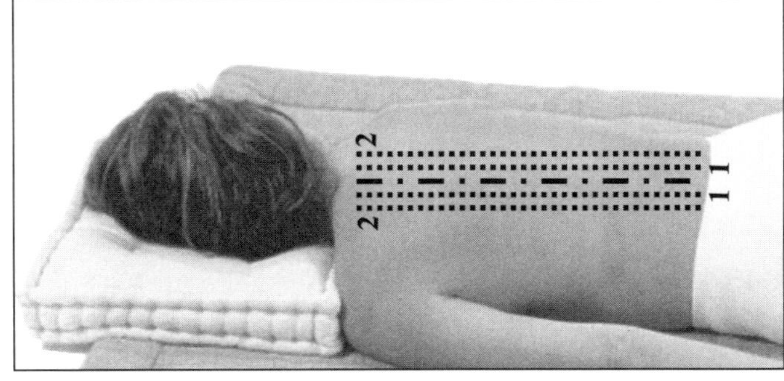

- *Manteniendo la misma postura del ejercicio anterior, efectúe la digitopresión de toda la primera línea hasta que la presión resulte eficaz y vuelva hacia atrás. La línea se encuentra tan cerca de la columna vertebral que, al apretar, deberá rozarla (sin comprimirla) con su pulgar.*
- *Efectúe la presión y, después de unos instantes, hacer círculos sobre los tendones adyacentes a la columna (fig. 1).*
- *Mantenga los brazos estirados y use todo el peso del cuerpo. Para que las presiones tengan la máxima eficacia es necesario que los pulgares sean fuertes o que se ejerciten para llegar a serlo.*

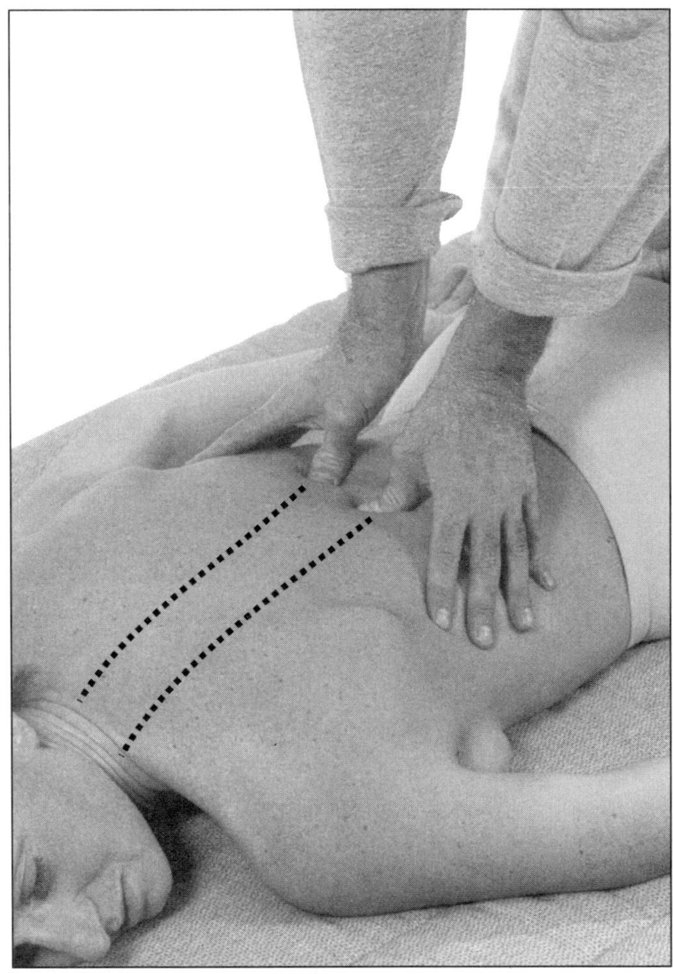

fig. 1

● *Pase a la segunda línea. También en este caso deberá poder sentir al tacto en el exterior un cordón que debe rodar hacia el exterior (fig. 2).*

● *Después de mantener la presión durante el tiempo equivalente a una espiración, haga círculos con los pulgares hacia el exterior hasta sobrepasar, siempre presionando, el cordón citado.*

● *Recorra esta línea hacia adelante y hacia atrás en toda la espalda. Cuando haga los círculos mantenga la presión con el pulgar. Si el cordón del paciente está particularmente tenso, ruede con delicadeza aliviando la digitopresión para no causar un dolor excesivo.*

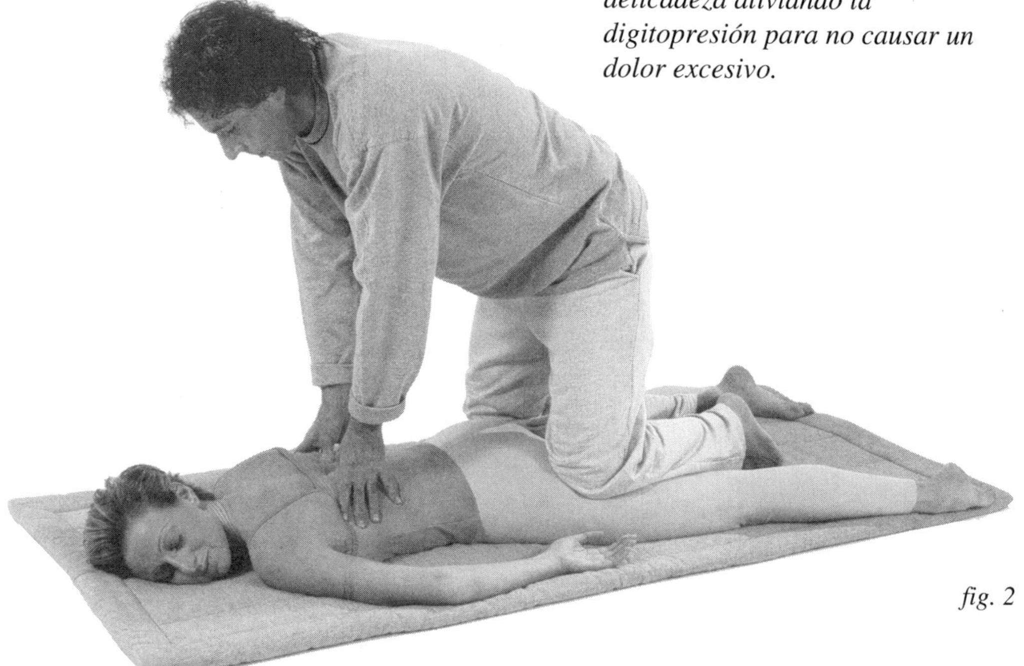

fig. 2

! Si tiene tiempo, recorra ambas líneas varias veces. En caso de que sus pulgares no son todavía lo bastante fuertes, puede recorrer las líneas un lado cada vez efectuando la presión con ambos pulgares superpuestos.

Este tratamiento, más agresivo que los practicados hasta ahora, completa el trabajo desarrollado hasta este momento.

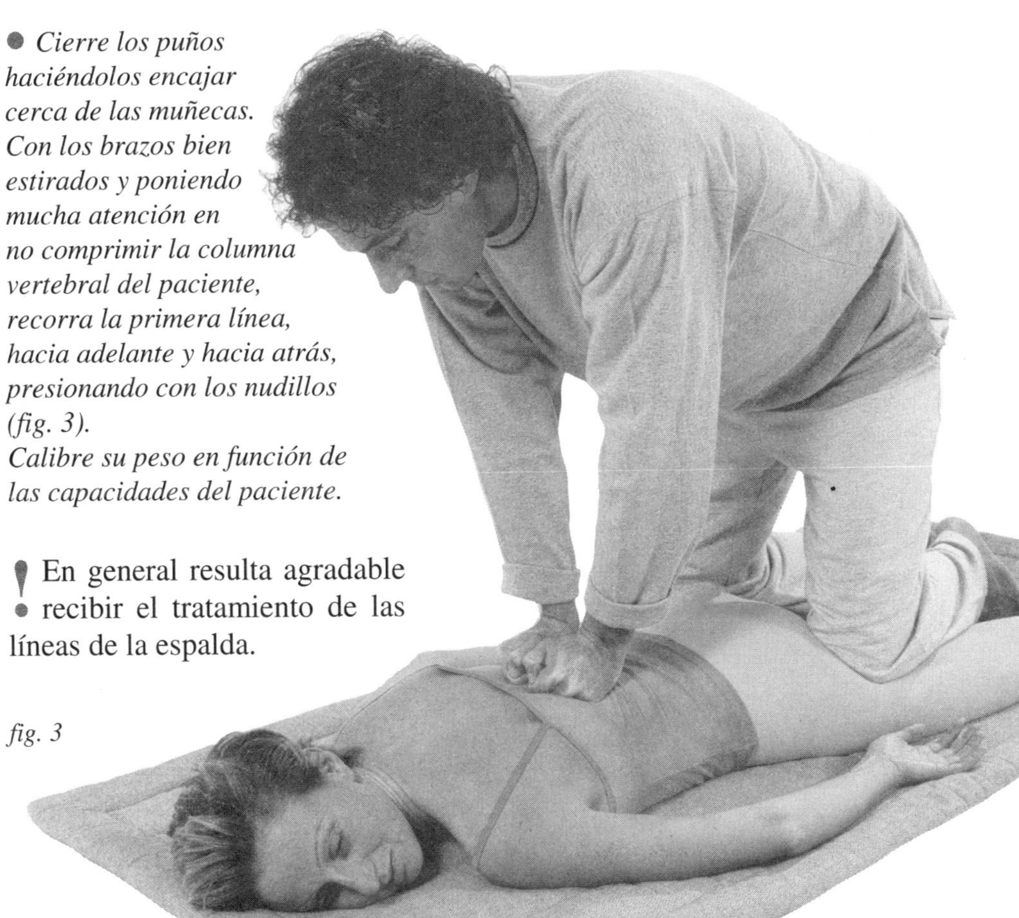

● *Cierre los puños haciéndolos encajar cerca de las muñecas. Con los brazos bien estirados y poniendo mucha atención en no comprimir la columna vertebral del paciente, recorra la primera línea, hacia adelante y hacia atrás, presionando con los nudillos (fig. 3). Calibre su peso en función de las capacidades del paciente.*

! En general resulta agradable recibir el tratamiento de las líneas de la espalda.

fig. 3

Los beneficios del tratamiento

● La secuencia de estas presiones es importante y realizable cualesquiera sean las condiciones y las molestias del paciente. Los músculos de la espalda se relajan y «despegan» con consecuencias evidentes y positivas en el tratamiento de los dolores lumbares y dorsales y, de manera indirecta, de los dolores cervicales. El fuerte alivio de las tensiones de la zona que obtenemos con estas presiones, determina un estado de profundo relajamiento y bienestar general. Al restablecer el flujo energético de los meridianos de la espalda, optimizamos el funcionamiento de los otros meridianos y aportamos un beneficio a todo el cuerpo.

Cobra

● *Manteniendo la postura utilizada en los ejercicios anteriores, aferre los antebrazos del paciente, quien a su vez, deberá aferrar los suyos. Con el busto levantado y los brazos estirados, pliegue hacia atrás el cuerpo y, en consecuencia, el del paciente. Mantenga la postura unos instantes, haga que el paciente vuelva al suelo y repita el ejercicio.*

! Quien no esté entrenado encontrará más cómodo efectuar el movimiento permaneciendo sentado sobre los talones. Pero es aconsejable realizarlo del modo descrito, cuando sus posibilidades se lo permitan, para disponer de mayor control y de mejor sensibilidad. No trate de obtener la máxima flexión hasta haber conseguido la experiencia necesaria .También un estiramiento no excesivo le permitirá obtener buenos resultados. Compruebe que los glúteos situados debajo de sus rodillas no se contraigan involuntariamente. Si nota que se contraen, pida al paciente a que se relaje dándole seguridades sobre la inocuidad y la ausencia de dolor de este ejercicio. Si el paciente presenta evidentes características de lordosis cervical (columna vertebral doblada hacia adelante a la altura del cuello), pídale que mantenga la cabeza echada hacia atrás durante el estiramiento. No olvide compensar este movimiento con los descritos en las páginas 133 y 134.

Los beneficios del tratamiento

- Estira de manera extraordinaria todos los músculos paravertebrales y aporta flexibilidad a la columna.
- Es eficaz en el tratamiento de los dolores lumbares, dorsales y cervicales.
- «Despega» los músculos subescapulares, devuelve la movilidad de los hombros con los consiguientes beneficios sobre la postura.
- Corrige la postura de todas las articulaciones vertebrales, lo que previene la formación o el agravamiento de fenómenos como lordosis y cifosis.

Arco

- *Flexione las piernas del paciente, acérquelas entre sí.*
- *Siéntese sobre los pies del paciente apoyando los suyos entre los brazos y el cuerpo de éste. Inclínese hacia adelante, aferre los hombros y tire de ellos hacia usted flexionando la espalda.*
- *Haga que el paciente vuelva al suelo y repita el movimiento.*

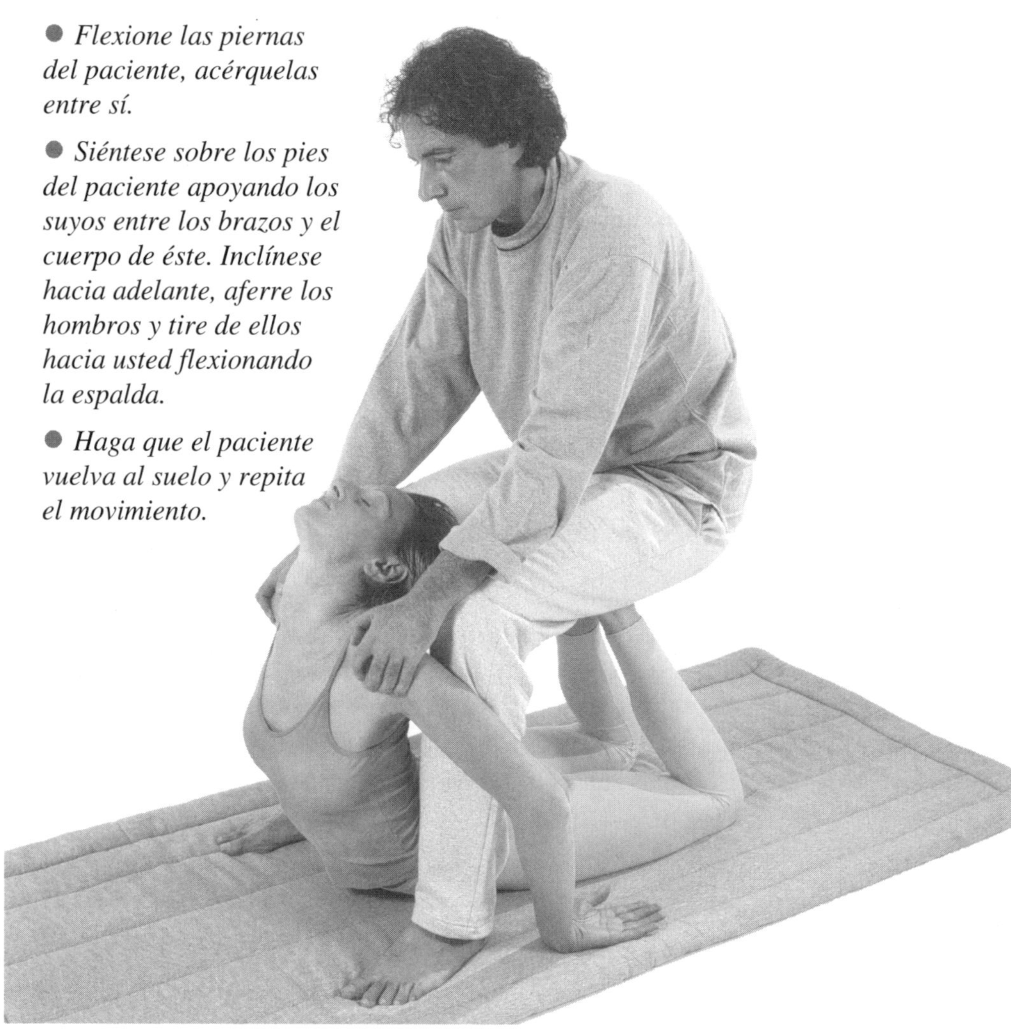

Los beneficios del tratamiento

- Acentúa los mismos beneficios descritos en el ejercicio precedente.

Posición supina 2

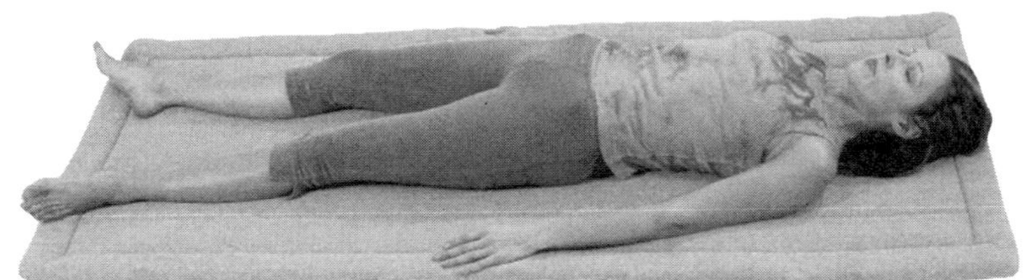

Despegue de los pies
Balanceo
Medio balanceo
Flexión longitudinal de la pierna
Vela pasiva
Estiramiento cruzado de las piernas
Levantamiento sentado

Despegue de los pies

● *Sentado sobre los talones, apoye las manos en los dos empeines del paciente, empujándolos hacia abajo, doble los pies hacia adentro tratando de que los dedos gordos se toquen (fig. 1).*

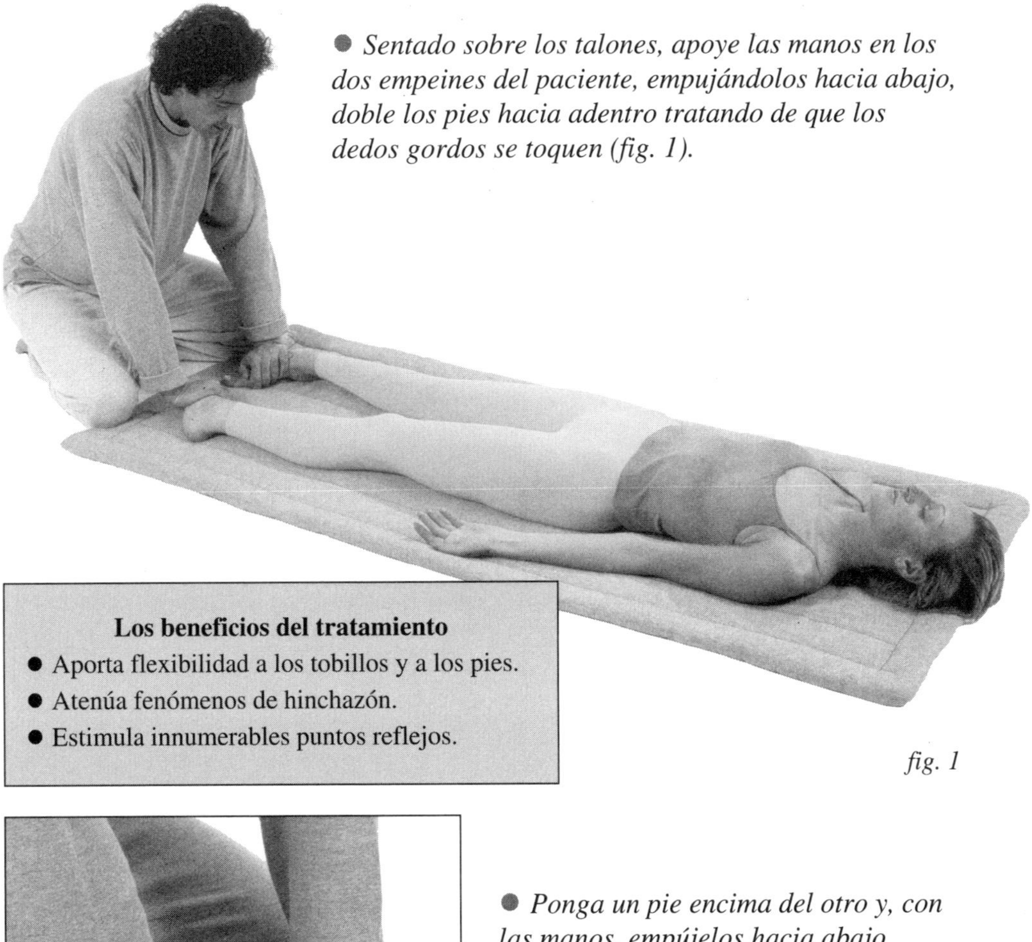

Los beneficios del tratamiento

- Aporta flexibilidad a los tobillos y a los pies.
- Atenúa fenómenos de hinchazón.
- Estimula innumerables puntos reflejos.

fig. 1

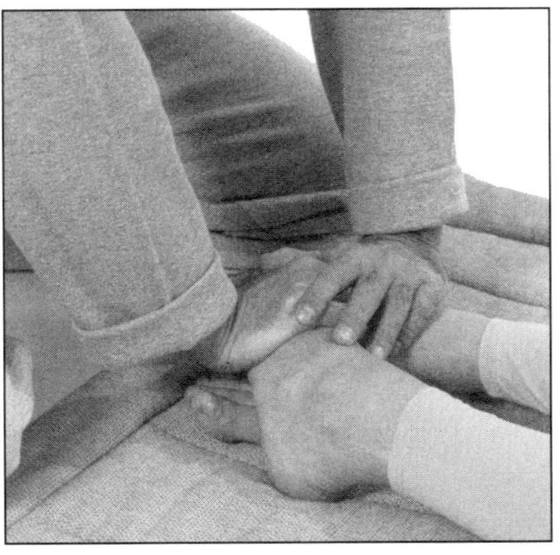

● *Ponga un pie encima del otro y, con las manos, empújelos hacia abajo (fig. 2).*

● *Repita el ejercicio invirtiendo la posición de los pies.*

fig. 2

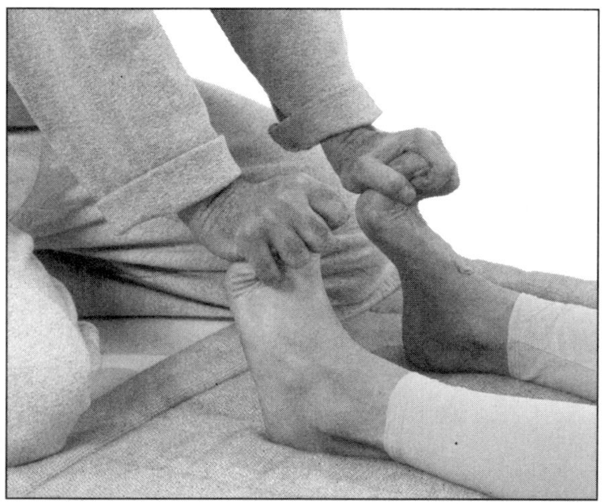

● *Aferre los dedos de los pies y empújelos hacia adelante (fig. 3).*

fig. 3

● *Efectúe una digitopresión con el pulgar sobre los puntos 1 y 2 y continúe con una presión rotatoria sobre la línea entre los tendones del dedo gordo y el segundo dedo, hacia adelante y hacia atrás (fig. 4).*

● *Repita el movimiento sobre las líneas entre los tendones de los otros dedos.*

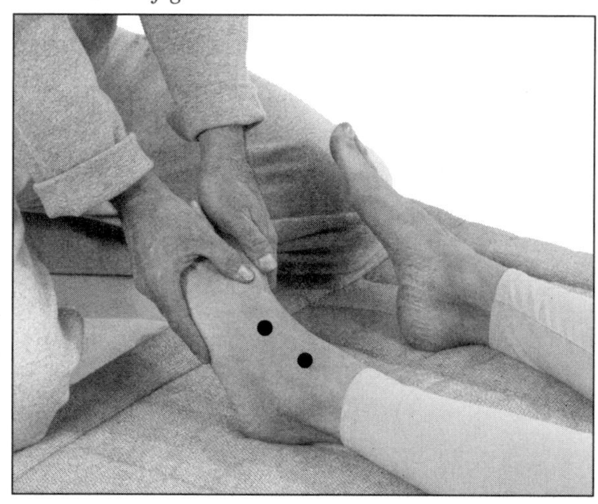

fig. 4

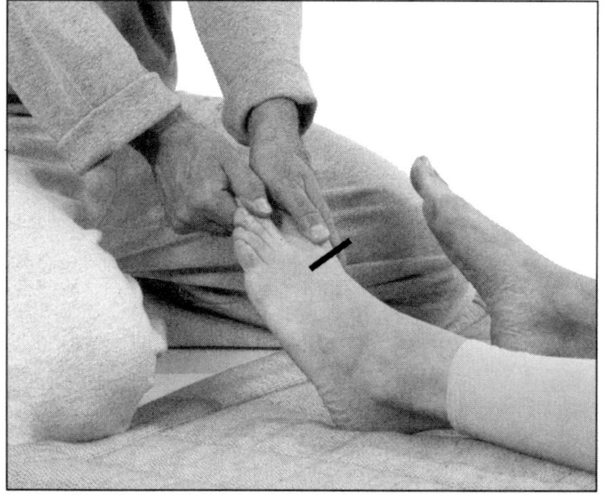

● *Con una mano sostenga firme un pie y, con la otra, aferre uno a uno los dedos del pie y tire de ellos hacia usted (fig. 5).*

● *Repita la operación en el otro pie. No siempre oirá «crujir» las articulaciones de los dedos, pero, no repita el movimiento si no lo hacen.*

fig. 5

Balanceo

Este tratamiento sirve para compensar los ejercicios de la Cobra (pág. 126) y del Arco (pág. 128) y debe realizarse necesariamente si ha hecho uno de estos ejercicios.

- *De pie, aferre los talones del paciente.*
- *Pídale que apoye las manos contra las rodillas y que las empuje con los brazos bien estirados durante todo el movimiento.*
- *Empuje hacia adelante las piernas del paciente haciendo rodar la espalda hasta la altura de los omóplatos.*
- *Mantenga la postura durante unos instantes y devuelva las piernas a la posición perpendicular.*
- *Repita el ejercicio.*

Los beneficios del tratamiento

- Cura eficazmente los dolores lumbares y los dorsales.

❗ Nunca ruede la espalda más allá de los hombros para no cargar la zona cervical. Si los brazos del paciente no están estirados, el ejercicio perderá eficacia.

Medio balanceo

- *Apoye el pie derecho del paciente contra la rodilla izquierda de modo que la pierna permanezca estirada.*
- *Aferre el talón y empuje la pierna hacia adelante haciendo rodar la espalda hasta la altura de los omóplatos (fig. 1).*
- *Si es necesario, ayúdese con la otra mano para estabilizar al paciente.*
- *Mantenga la postura unos instantes y vuelva atrás.*

fig. 1

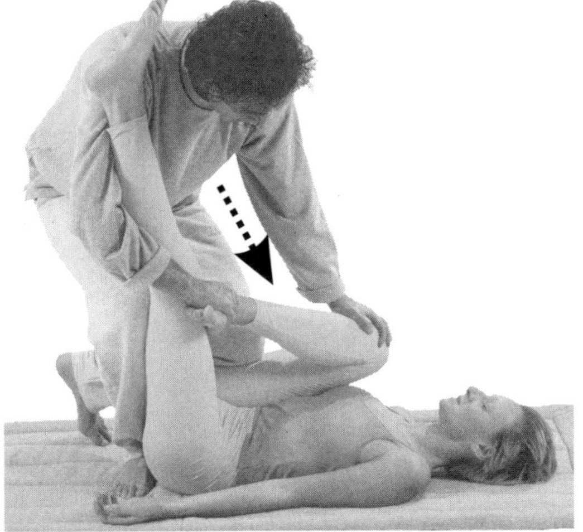

fig. 2

- *Mantenga su pie derecho cerca del glúteo izquierdo del paciente.*
- *Con la mano derecha aferre el pie de la pierna flexionada dejando que la pierna izquierda se apoye en su brazo, mientras su mano izquierda se apoya en la rodilla de la pierna flexionada.*
- *Flexione ligeramente su pierna derecha y con la rodilla izquierda efectúe la presión de la parte lateral de la cadera del paciente, hacia adelante y hacia atrás (fig. 2).*

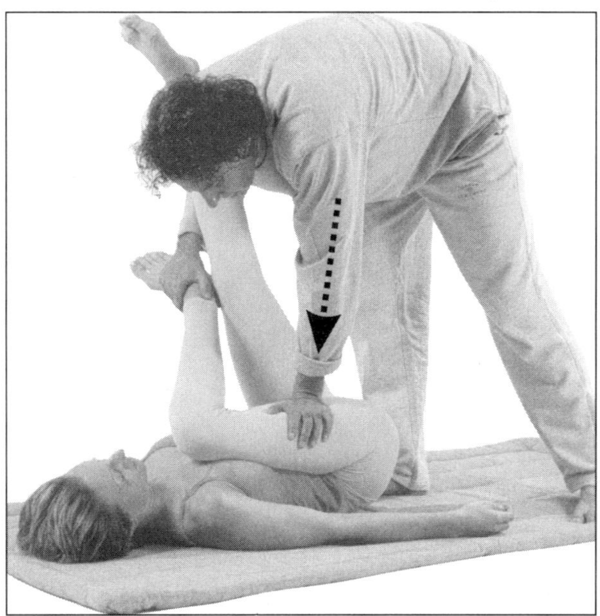

fig. 3

- *Desplace hacia atrás su pie izquierdo.*
- *Con el brazo izquierdo extendido, y usando el peso del cuerpo, efectúe la presión palmar de la parte lateral de la cadera, hacia adelante y hacia atrás (fig. 3).*

- *Aferre con la mano izquierda la parte superior del pie izquierdo cerca del tobillo.*
- *Gírese de lado y apoye la pierna extendida del paciente a lo largo de su costado derecho.*
- *Con el codo efectúe la presión de la línea media del pie, hacia adelante y hacia atrás (fig. 4).*
- *Después de mantener la presión, haga círculos con el antebrazo.*

fig. 4

Los beneficios del tratamiento

- Previene y cura dolores ciáticos y lumbares.
- Incrementa la flexibilidad posterior de las piernas.
- Reactiva la circulación de los miembros inferiores.
- El último ejercicio estimula los puntos reflejos del pie.

INVIERTA LA POSICIÓN DE LAS PIERNAS DEL PACIENTE Y REPITA LOS CUATRO EJERCICIOS ANTERIORES

Flexión longitudinal de la pierna

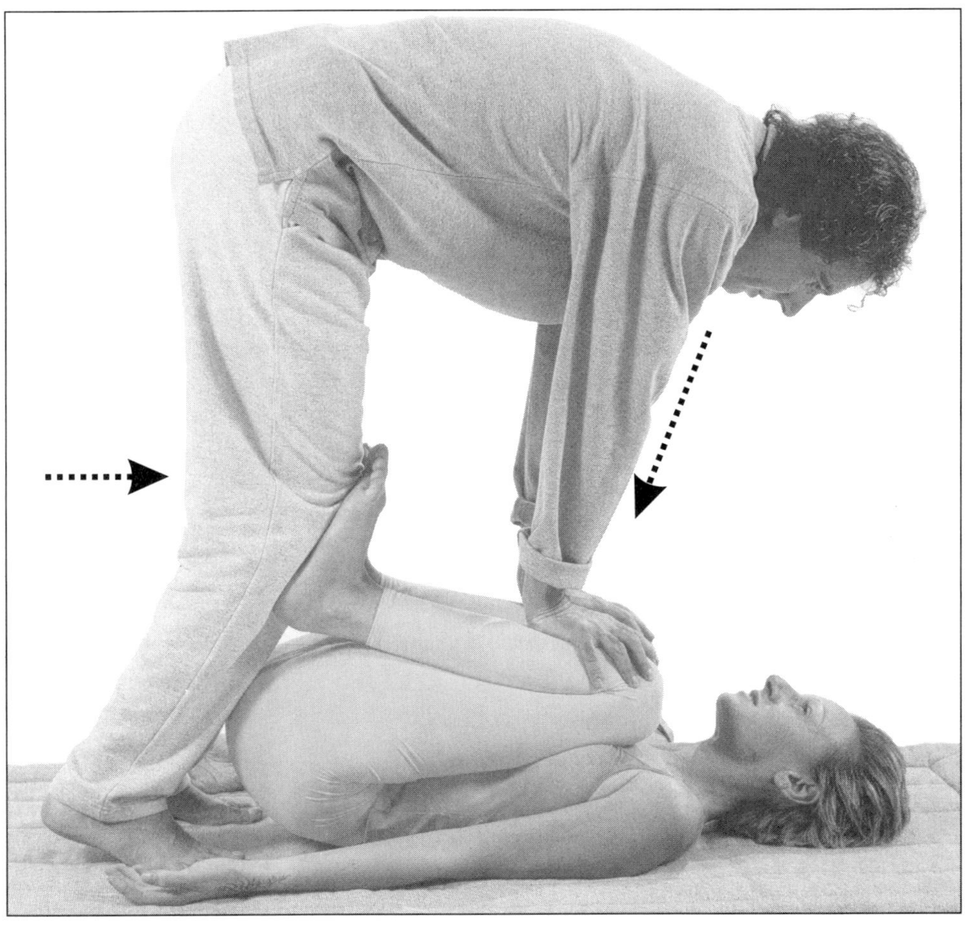

Los beneficios del tratamiento

- Cura los dolores lumbares.

- *Flexione las piernas del paciente y apoye sus rodillas en el centro de la planta de los pies.*
- *Acerque sus pies a los glúteos todo lo que se lo permita la capacidad de flexión del paciente.*
- *Alzándose sobre la punta de los pies, empuje hacia adelante con sus rodillas las piernas del paciente y, al mismo tiempo, empuje hacia abajo con las manos las rodillas del paciente.*
- *Mantenga la presión durante unos instantes, vuelva hacia atrás las piernas y repita el ejercicio.*

Vela pasiva

Este movimiento reproduce, en lo posible, los ejercicios de yoga en posición tumbada.

! No practique este ejercicio si tiene problemas en las rodillas. Compruebe además que el paciente no presente las siguientes características:

- peso corporal superior al suyo;
- hipertensión arterial;
- menstruación;
- manifiesta rigidez articular;
- problemas cardiacos;
- dificultad para seguir pasivamente los ejercicios.

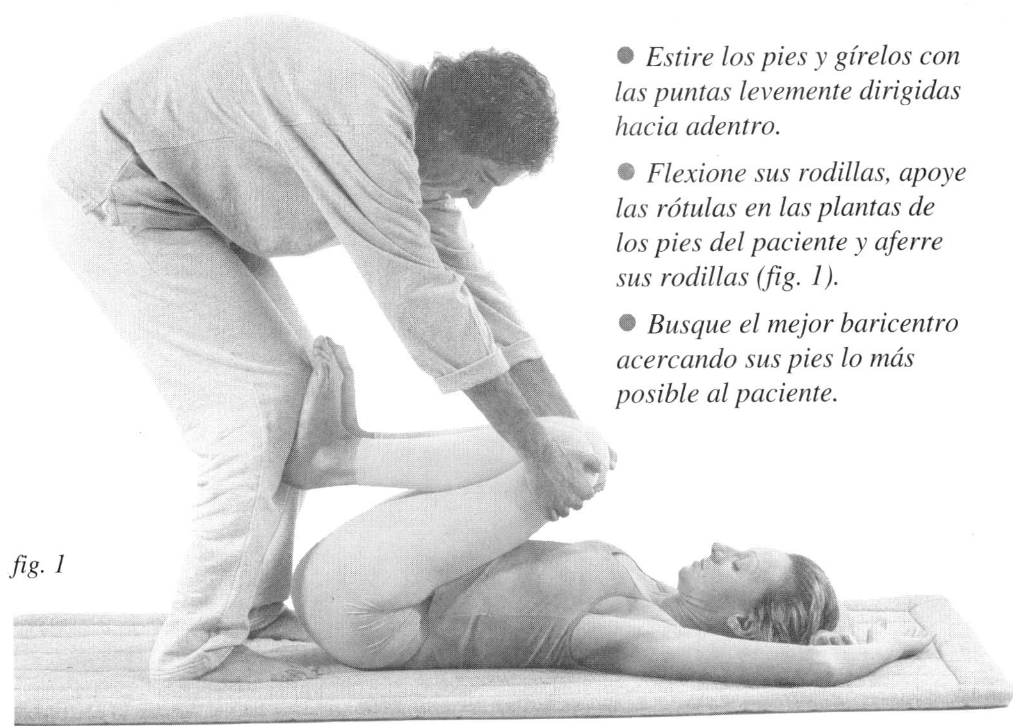

fig. 1

- *Estire los pies y gírelos con las puntas levemente dirigidas hacia adentro.*
- *Flexione sus rodillas, apoye las rótulas en las plantas de los pies del paciente y aferre sus rodillas (fig. 1).*
- *Busque el mejor baricentro acercando sus pies lo más posible al paciente.*

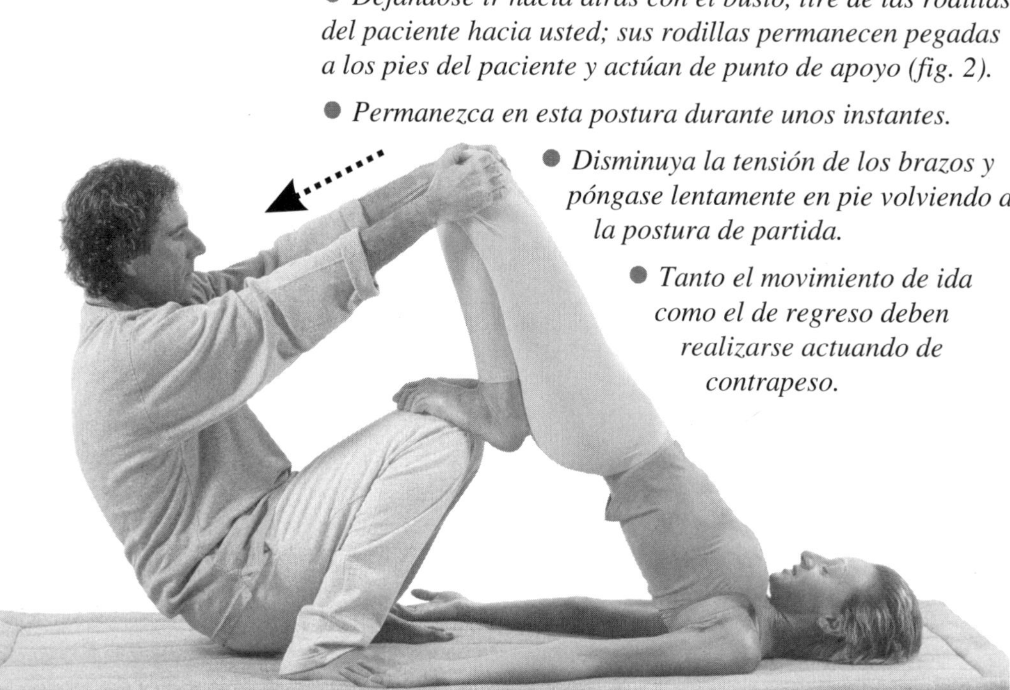

fig. 2

! No acentúe el estiramiento hasta el punto de levantar la cabeza del paciente del suelo.

No se impaciente si en las primeras tentativas para realizar este tratamiento no tiene un éxito total.

La sincronización de los movimientos, para hacer que funcione el contrapeso, en general se asimila de gradualmente.

Los beneficios del tratamiento

- Relaja por completo la columna vertebral al aliviar las tensiones lumbares, dorsales y cervicales.
- Reactiva la circulación sanguínea.
- Da una sensación de ligereza y bienestar general.

Estiramiento cruzado de las piernas

- *Cruce las piernas del paciente a la altura de los tobillos y apoye la parte superior de los pies debajo de sus rodillas.*
- *Avance lo más posible flexionando las piernas del paciente al máximo de su estiramiento natural y apoye las manos sobre las rodillas.*
- *Alzándose sobre la punta de los pies, use sus rodillas para empujar hacia adelante las piernas del paciente y, al mismo tiempo, empuje las rodillas con las manos hacia el tronco.*

Los beneficios del tratamiento

- Cura los dolores lumbares y ciáticos.

VUELVA ATRÁS Y REPITA EL EJERCICIO INVIRTIENDO EL CRUCE DE LAS PIERNAS

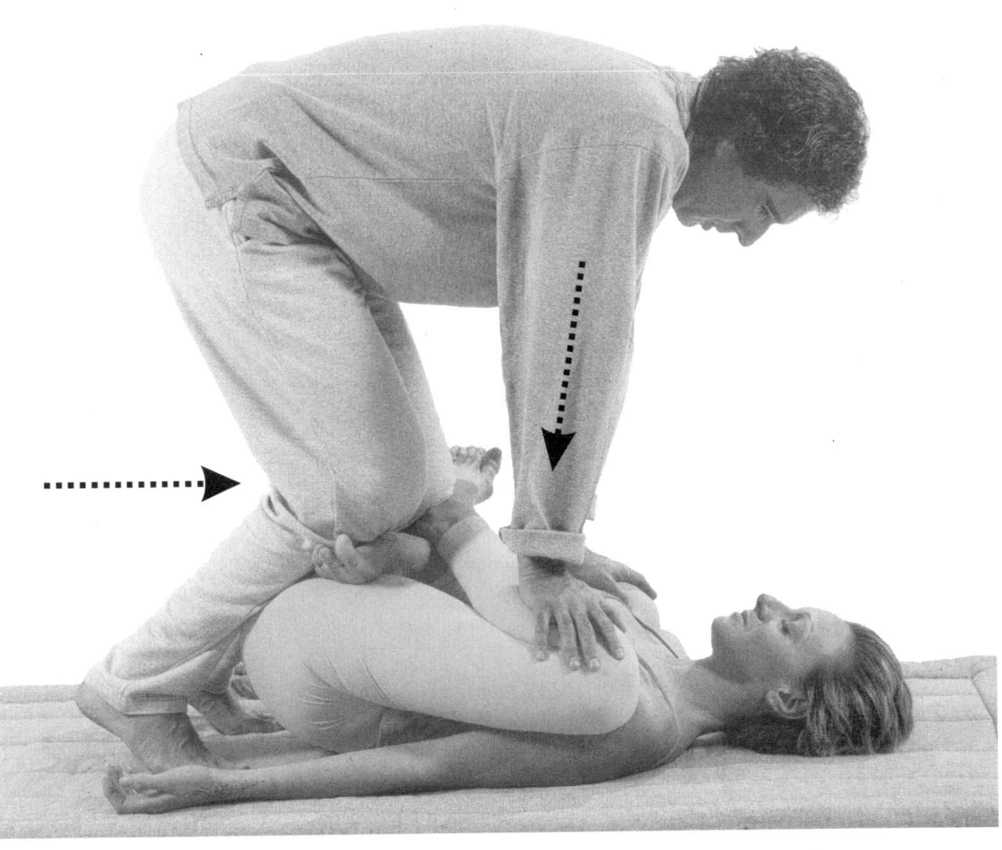

Levantamiento sentado

Este ejercicio concluye la secuencia de la posición supina 2. Su último movimiento coloca al paciente en posición sentada para la secuencia siguiente.

- *Permanezca en la misma postura del ejercicio anterior y efectúe un «asimiento recíproco» de sus muñecas y las del paciente (fig. 1).*

fig. 1

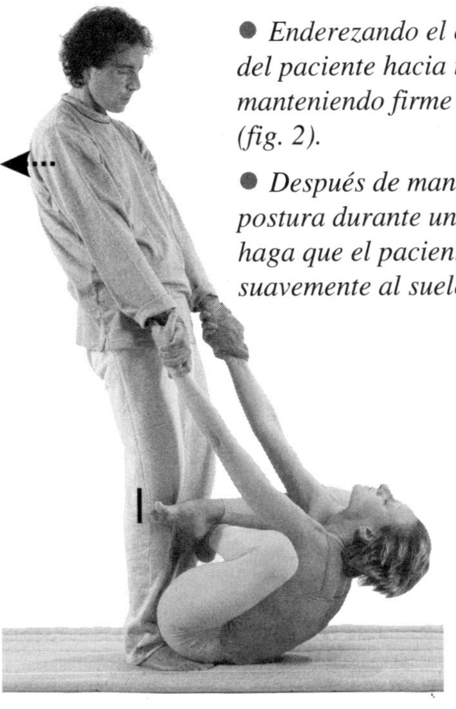

● *Enderezando el cuerpo, tire del paciente hacia usted manteniendo firme las piernas (fig. 2).*

● *Después de mantener la postura durante unos instantes, haga que el paciente vuelva suavemente al suelo.*

fig. 2

● *Repita el ejercicio, pero en vez de volver a poner al paciente en el suelo dé pequeños pasos hacia atrás levantándolo o manteniendo el estiramiento bajo presión a cada paso (fig. 3).*

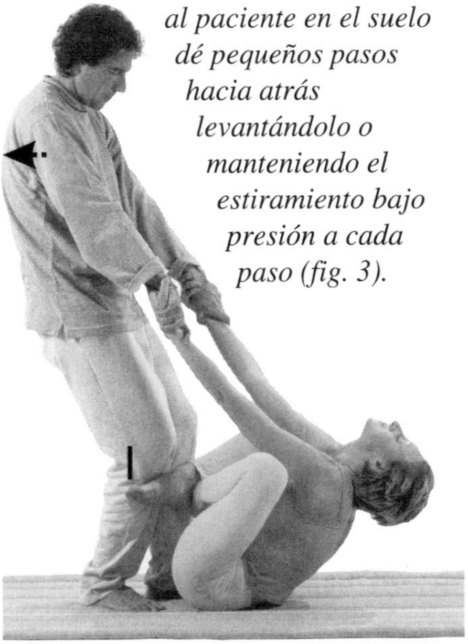

fig. 3

! Entre otras cosas, este movimiento exalta la condición coreográfica de este masaje.

● *El paciente finalmente se encontrará sentado en el suelo con las piernas cruzadas (fig. 4).*

Los beneficios del tratamiento

- Está indicado en el tratamiento de los dolores lumbares y ciáticos.
- Aumenta la flexibilidad de la columna vertebral y de los hombros.
- Estira los músculos del tríceps.

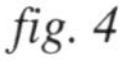

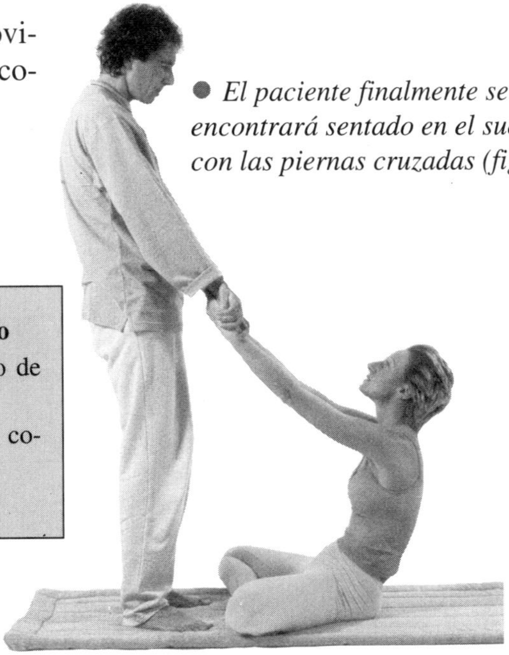

fig. 4

Posición sentada

Despegue de los omóplatos
Líneas del trapecio
Líneas del cuello
Línea cervical
Extensiones del cuello
Posición símbolo del yoga
Torsión lumbar sentada
Extensiones de la espalda
Estiramiento de los hombros
Torsión espinal
Arco de lado
Línea del cráneo
Presión de la línea de los omóplatos

Despegue de los omóplatos

- *Siéntese sobre los talones detrás del paciente.*
- *Dóblele el brazo derecho de manera que apoye la mano en la columna vertebral en la base del cuello y, con su mano izquierda, sostenga la mano del paciente en esta postura .*

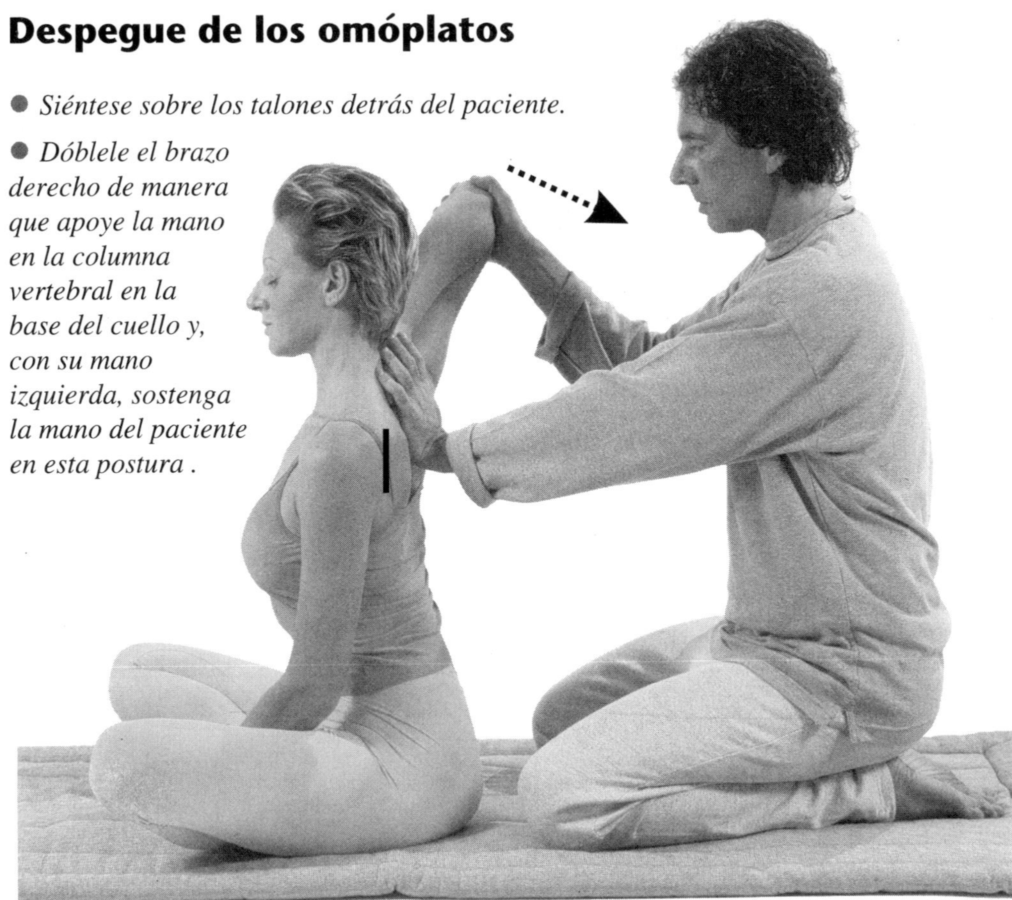

fig. 1

- *Con la derecha aferre el codo del paciente y empújelo lentamente hacia atrás (fig. 1).*
- *Mantenga el estiramiento durante unos segundos y suelte poco a poco.*

! No fuerce excesivamente la tracción.

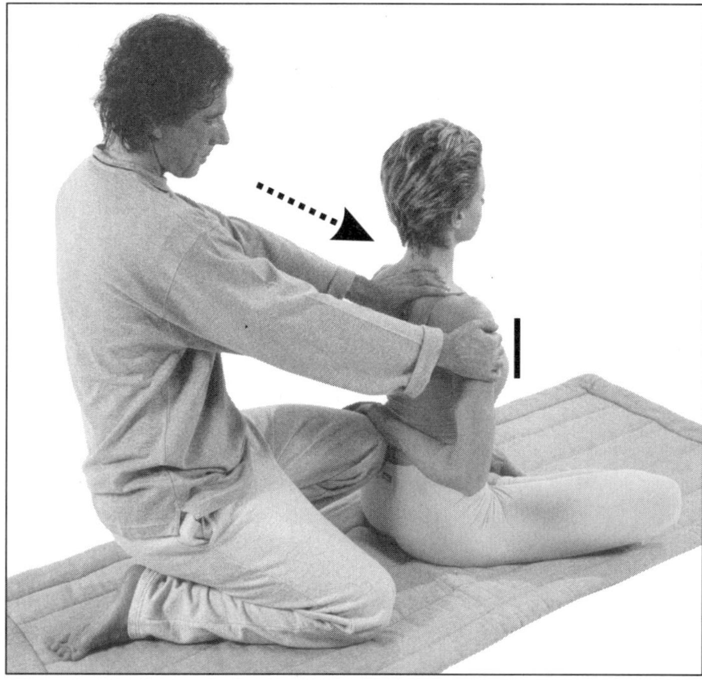

fig. 2

- *Doble el brazo derecho del paciente detrás de la espalda en un ángulo de 90º. Sostenga la mano en esta posición con su rodilla.*
- *Aferre con su mano derecha la espalda del paciente y manténgala firme poniendo atención en no tirar de ella (fig. 2).*

- *Con la mano izquierda efectúe la digitopresión del borde interior del omóplato (fig. 3).*
- *Apriete y haga círculos como si quisiese «despegar» los músculos de las paredes óseas, recorriendo todo el perímetro del omóplato, hacia adelante y hacia atrás.*

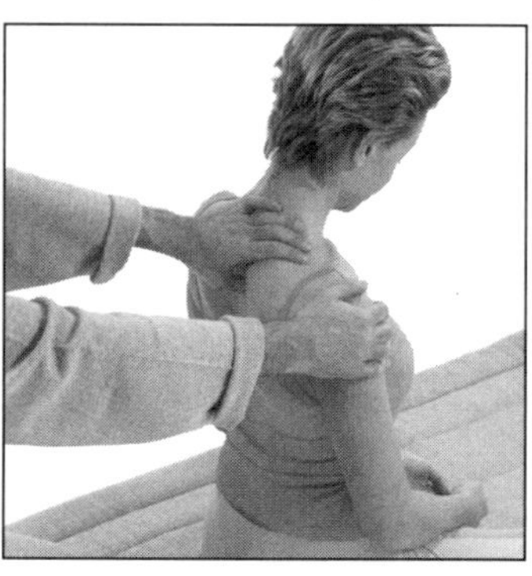

fig. 3

REPITA LOS DOS EJERCICIOS
EN EL OTRO LADO

Los beneficios del tratamiento

- Mejora la disposición de las articulaciones de los hombros y favorece el tejido conectivo de la zona subescapular.
- Está indicado en el tratamiento de los dolores cervicales y de las hemicráneas.
- Produce una sensación de relajamiento y bienestar general.

Líneas del trapecio

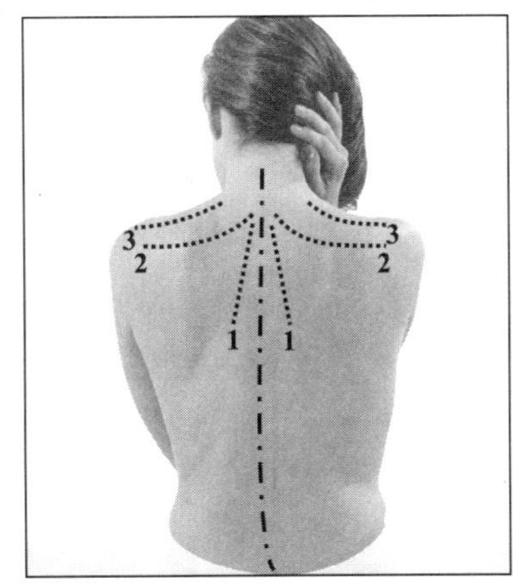

En los ejercicios que proponemos a continuación actuará a lo largo de los meridianos del trapecio: tres líneas a la derecha y a la izquierda de la columna vertebral.

- *Efectúe la digitopresión, hacia adelante y hacia atrás.*
- *Después de mantener la presión durante unos segundos, haga círculos hacia el hombro «pellizcando» el tendón (fig. 1).*

! Resulta conveniente hacer los tres ejercicios de manera sucesiva, permaneciendo de pie y manteniendo los brazos bien estirados. Es posible trabajar dos líneas (derecha e izquierda) al mismo tiempo, o bien una línea por vez con los pulgares superpuestos. Evite presionar en los tramos óseos. Cuide de que la distancia entre los puntos de presión no supere el centímetro. En los primeros dos ejercicios pida al paciente que incline la cabeza hacia adelante.
La primera línea sigue el meridiano del omóplato flanqueando el tendón.

fig. 1

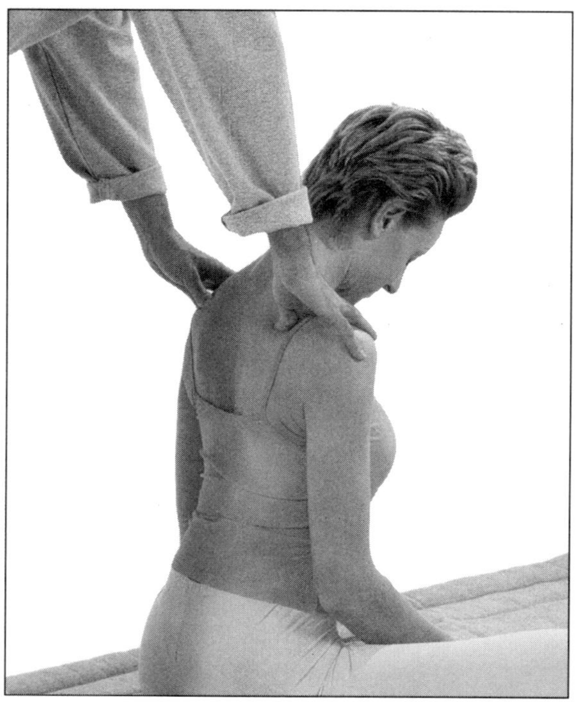

La segunda línea empieza en el punto blando adyacente a la clavícula, continúa en los tejidos blandos inmediatamente encima de la parte superior del omóplato y sube hasta la base del cuello flanqueando el mismo tendón (pero del otro lado) descrito en el ejercicio anterior.

- *Efectúe la digitopresión de la segunda línea, hacia adelante y hacia atrás (fig 2).*

fig. 2

La tercera línea parte de la base del cuello y termina cerca del hueso del hombro.

- *Pida al paciente que vuelva a levantar la cabeza.*
- *Con la punta de los pulgares hacia adelante, efectúe la digitopresión de la línea, hacia adelante y hacia atrás (fig. 3).*

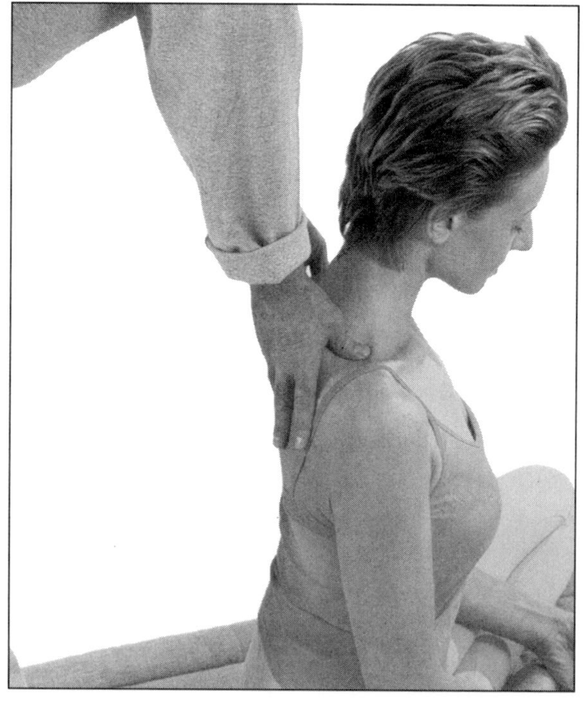

fig. 3

! Mientras mantiene con su brazo la cabeza del paciente levemente inclinada (fig. 4) tenga cuidado de no empujarla más allá del estiramiento natural del cuello.

- *Arrodíllese y, con el brazo izquierdo, flexione ligeramente el cuello del paciente hacia la izquierda.*
- *Con el antebrazo derecho efectúe la presión de la zona entre el cuello y el hueso del omóplato (fig. 4).*
- *Al término de cada presión haga círculos con su antebrazo manteniendo la presión.*

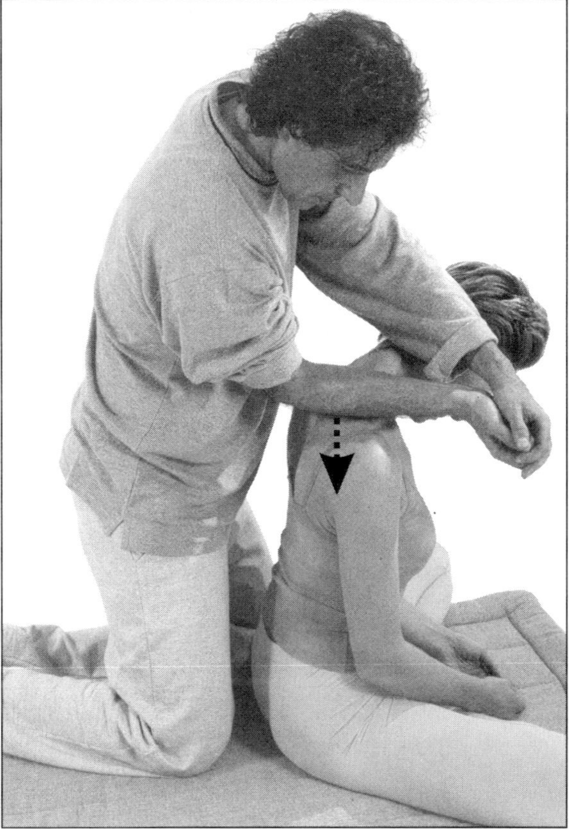

fig. 4

! No repita el movimiento más de cinco o seis veces por lado. Al hacer círculos con el antebrazo podrá sentir algunos tejidos más rígidos. Su trabajo aliviará justamente esa tensión.

Los beneficios del tratamiento

- Es eficaz contra los dolores en los hombros, los dolores cervicales y dolor de cabeza.

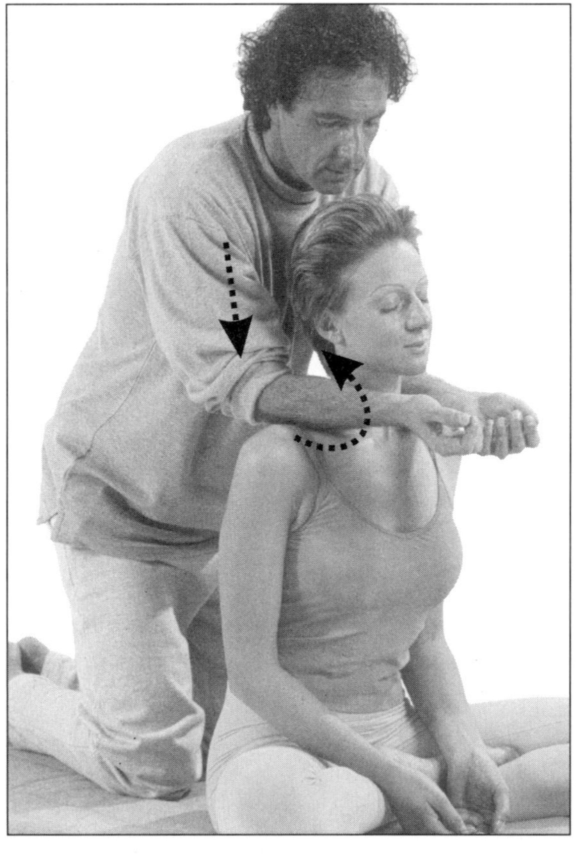

- *Apoye sus antebrazos en los hombros del paciente con las palmas de las manos dirigidas hacia arriba.*
- *Aprovechando el peso del cuerpo, efectúe la presión de la tercera línea (fig. 5).*
- *Parta de la base del cuello y llegue hasta cerca de los hombros.*
- *Vuelva hacia atrás. Presione y haga círculos manteniendo la presión.*

fig. 5

! En ambos ejercicios tenga cuidado de no comprimir los huesos.

REPITA EL EJERCICIO EN EL OTRO LADO

Líneas del cuello

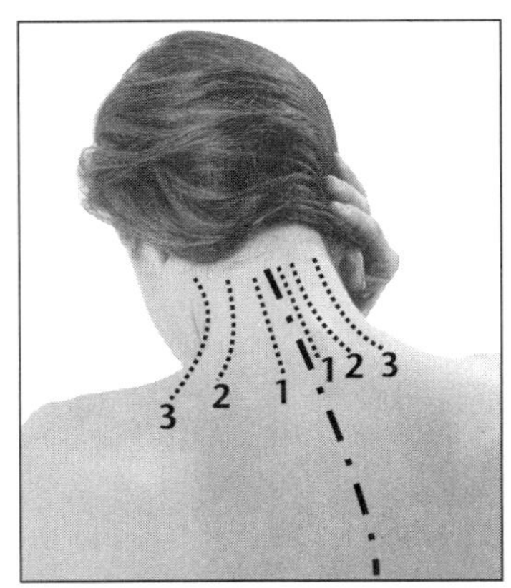

Estas líneas representan la continuación de las líneas de los hombros y, al igual que en esa zona, se despliegan a ambos lados de la columna vertebral entre la base del cuello y la nuca.

En los tres ejercicios siguientes, para ejercer la presión con su pulgar, es oportuno que apoye los dedos en el lado del cuello que no está tratando, sin apretar demasiado.

Pida a su paciente que incline ligeramente la cabeza hacia adelante y mantenga la postura indicada en la figura de abajo.

fig. 1

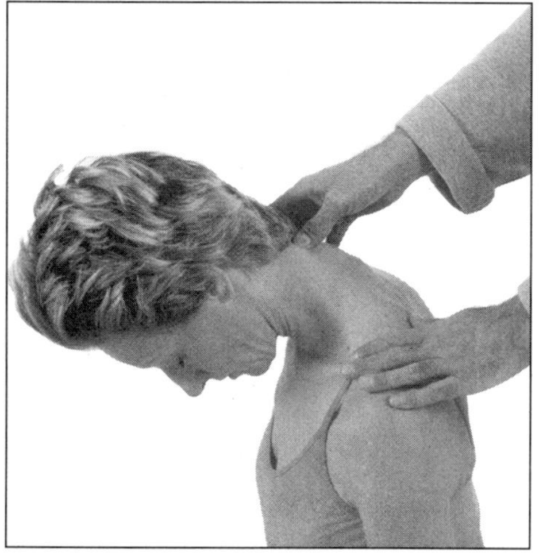

fig. 2

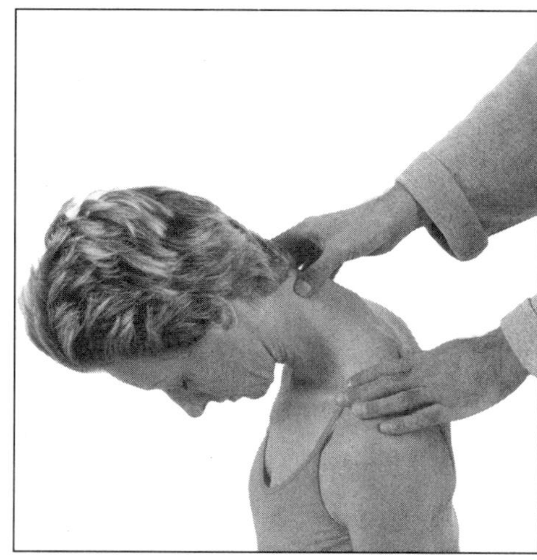

fig. 3

fig. 4

● *Manteniendo el brazo estirado, efectúe la digitopresión de la primera línea con el pulgar (fig. 2). Esta línea se encuentra entre la columna vertebral y los tendones situados a los lados, y debe recorrerse hacia adelante y hacia atrás.*

● *Efectúe la digitopresión de la segunda línea hacia adelante y hacia atrás (fig. 3). Esta línea se extiende por la parte exterior de los tendones indicados en el ejercicio anterior.*

● *Recorra la tercera línea hacia adelante y hacia atrás haciendo círculos delicadamente al final de cada presión (fig. 4). La tercera línea se sitúa hacia el exterior, a más o menos a 1 cm de la segunda.*

REPITA LOS TRES EJERCICIOS EN EL OTRO LADO

! Tenga cuidado de no comprimir la columna vertebral.

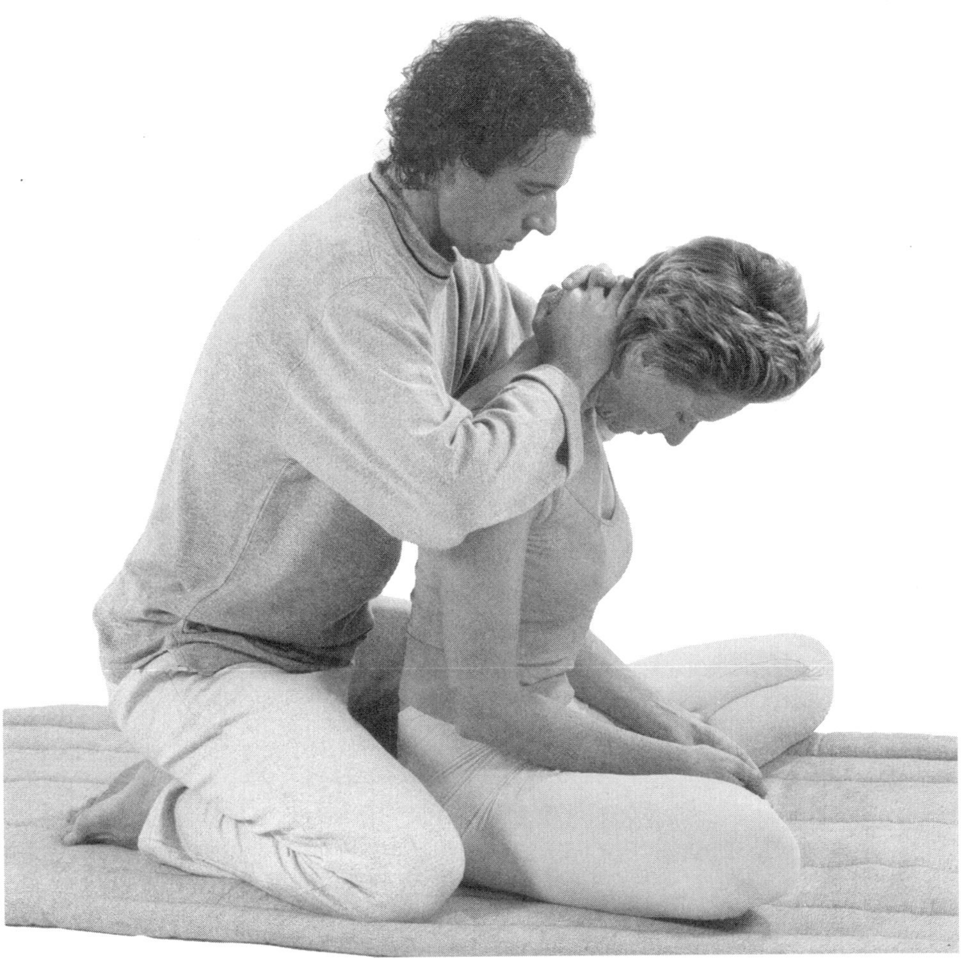

fig. 5

● *Cruce los dedos de sus manos y efectúe la presión palmar de ambos lados del cuello (fig. 5).*

● *Recorra la superficie del cuello hacia arriba y hacia abajo haciendo círculos al término de cada presión.*

Los beneficios del tratamiento

- Alivia sensiblemente las tensiones de los músculos del cuello.
- Es eficaz en el tratamiento de los dolores cervicales, de las hemicráneas y de los dolores de cabeza en general.
- Previene la aparición de dolores en las cervicales debidos a artrosis.

Línea cervical

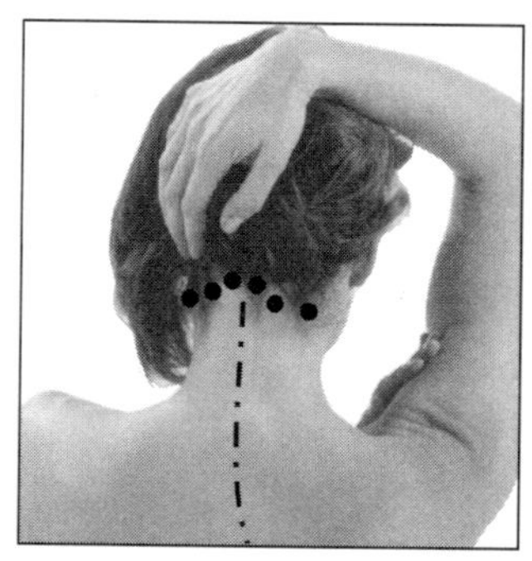

Forman esta línea tres puntos situados a cada lado de la base del cráneo que representan la continuación de las líneas de los hombros y del cuello. Se extienden a lo largo de los tejidos blandos situados bajo la pared occipital, donde terminan las líneas del cuello.

- *Siéntese sobre los talones manteniendo las rodillas abiertas a los costados del paciente y apoye sus antebrazos en los hombros.*
- *Apoye la mano izquierda en la frente y el pulgar de la derecha contra el punto más exterior de la línea.*
- *Mantenga el pulgar bien apoyado y, con la mano izquierda, empuje la cabeza del paciente hacia usted. Al empujar la frente se provocará una presión del punto de la línea contra el pulgar bien firme. Recorra la línea desplazando el pulgar sobre los dos puntos siguientes, repita la presión anterior. Vuelva hacia atrás recorriendo la línea.*

REPITA EL EJERCICIO EN EL OTRO LADO INVIRTIENDO EL USO DE LAS MANOS

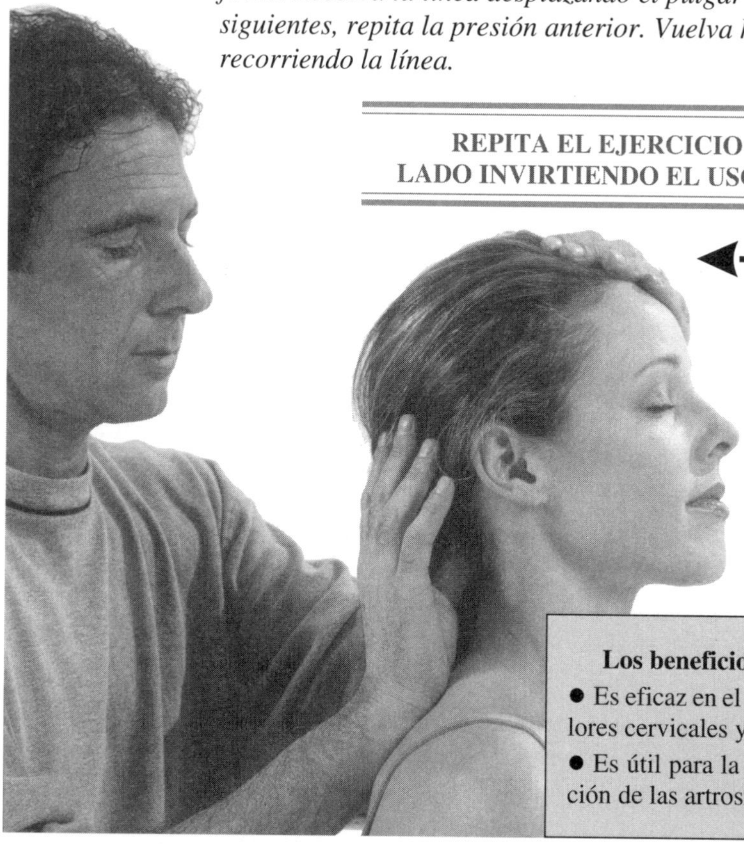

Los beneficios del tratamiento

- Es eficaz en el tratamiento de los dolores cervicales y de las hemicráneas.
- Es útil para la curación y la prevención de las artrosis.

Extensiones del cuello

Los movimientos siguientes deben realizarse ejerciendo una fuerza gradual que le permitirá percibir los límites de la elasticidad del paciente.

! Evite cualquier movimiento brusco.

- *Sentado sobre los talones, apoye los antebrazos en los hombros del paciente.*
- *Superponga los dedos de sus manos y apóyelos debajo del mentón del paciente.*
- *Muy gradualmente, empuje hacia atrás la cabeza del paciente haciéndole flexionar el cuello.*

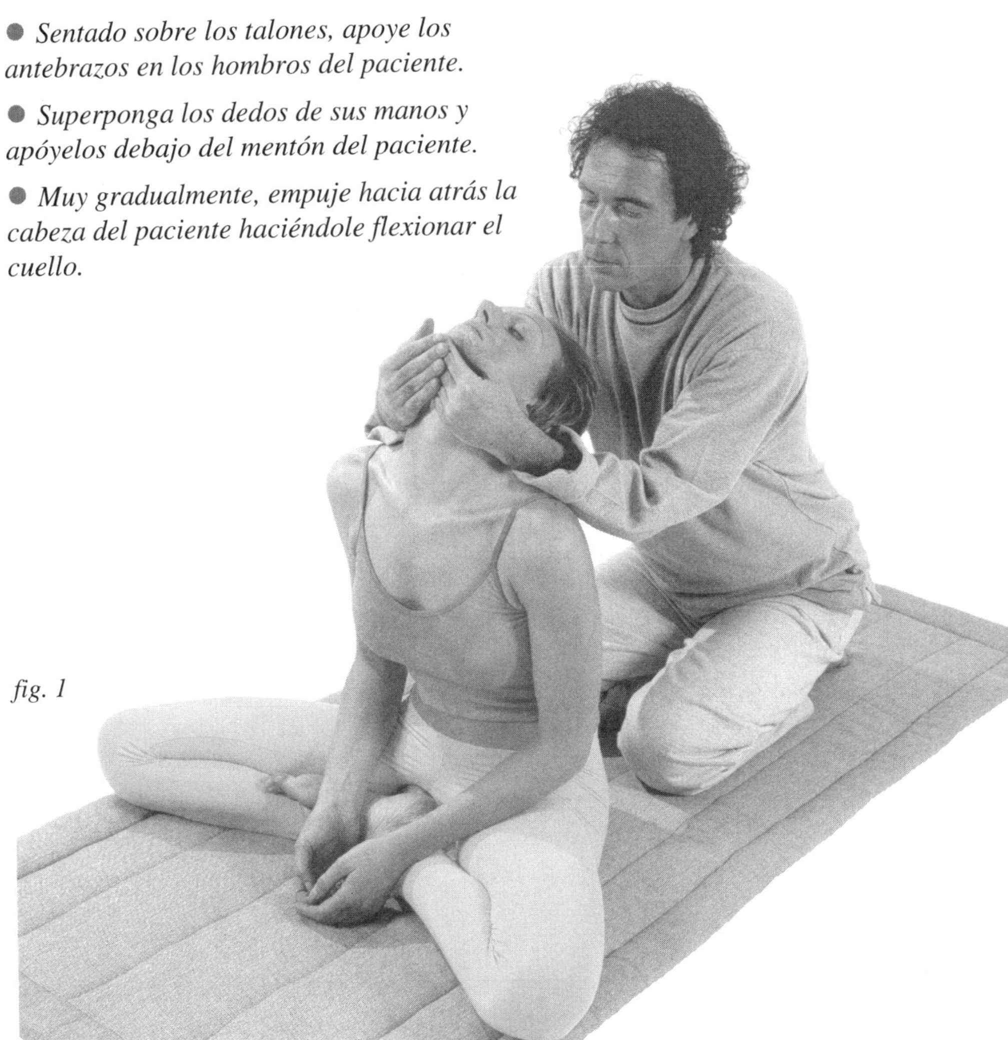

fig. 1

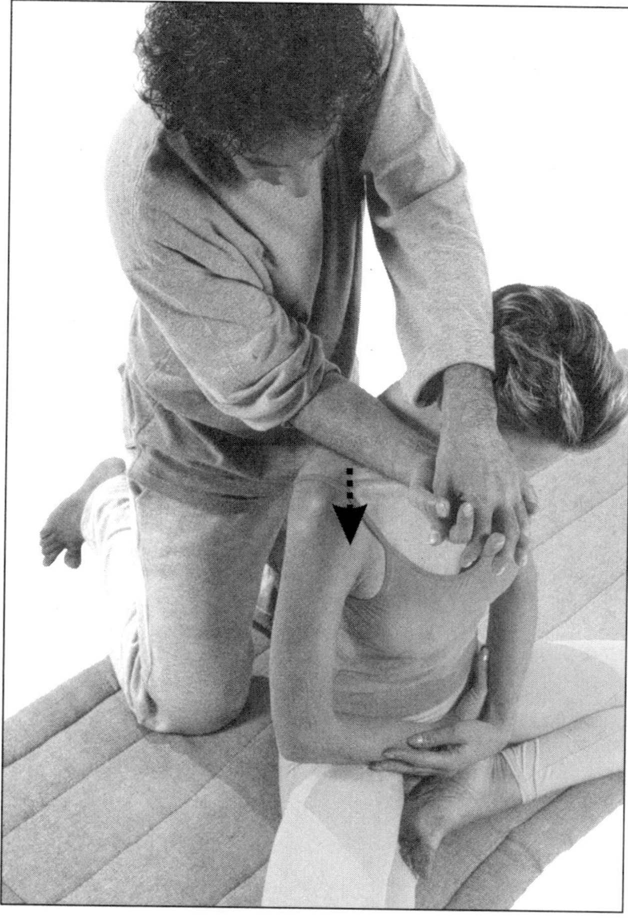

fig. 2

- *Permanezca arrodillado y levante el busto.*
- *Con el antebrazo izquierdo flexione lateralmente la cabeza del paciente hasta la máxima extensión lateral del cuello, pero sin forzarlo.*
- *Apoye el otro antebrazo en la parte blanda del hombro y entrecruce los dedos de las manos.*
- *Mientras que con el brazo izquierdo mantiene firme la cabeza del paciente, con el derecho empuje hacia abajo el hombro, recorriéndolo por completo la parte blanda con una serie de movimientos (fig. 2).*

! Es importante que durante la presión el brazo colocado en la cabeza del paciente se limite a mantenerla inclinada, pero no la flexione más de lo necesario. Evite comprimir los huesos.

Los beneficios del tratamiento

- Relaja y realinea las vértebras cervicales.
- Relaja las tensiones del cuello y de los hombros.

REPITA EL EJERCICIO DEL OTRO LADO

La secuencia para la espalda y los hombros

Los siete ejercicios siguientes, además de ser muy espectaculares, permiten actuar sobre la espalda y los hombros de manera profunda y eficaz.

Estos movimientos pueden resultar insólitos y algunos pacientes tenderán, consciente o inconscientemente, a oponer resistencia, lo que les impedirá relajarse. Use toda su habilidad para ayudarlos a relajarse.

Si no logra relajar al paciente por completo, no realice los movimientos en los que éste se muestre demasiado rígido.

Si las técnicas se llevan a cabo correctamente y el paciente no opone resistencia, el dolor que sentirá será soportable o hasta inexistente.

! Evite efectuar movimientos bruscos.
No repita los movimientos más de 2-3 veces.

Posición símbolo del yoga

fig. 1

- *Pida al paciente que cruce las manos detrás del cuello.*
- *Aférrele las muñecas pasando las manos por debajo de los brazos.*
- *Sincronice su respiración con la del paciente.*
- *Apoye su pecho sobre la espalda del paciente y, con todo su peso, empuje hacia adelante y hacia abajo mientras espira.*
- *Mantenga la postura durante algunos instantes y, mientras inspira, vuelva a alzarse.*

Los beneficios del tratamiento

- Estira y tonifica los músculos abdominales.
- Estira los músculos internos de la cadera.
- Aumenta la flexibilidad de la columna vertebral.

! No fuerce el movimiento más allá de las posibilidades del paciente.

Torsión lumbar sentada

- *Aferre las muñecas del paciente como en el ejercicio anterior.*
- *Desplácese hacia la izquierda y apoye su rodilla izquierda en la pierna izquierda del paciente.*
- *Empuje al paciente hacia abajo y hacia adelante hasta llevar la cabeza cerca de sus piernas (fig. 1).*

fig. 1

● *Manteniendo firme la pierna del paciente sobre la que apoya su rodilla, gire al paciente hacia la derecha con un movimiento de impulso hacia adelante y de torsión (fig. 2).*

REPITA EL EJERCICIO EN EL OTRO LADO

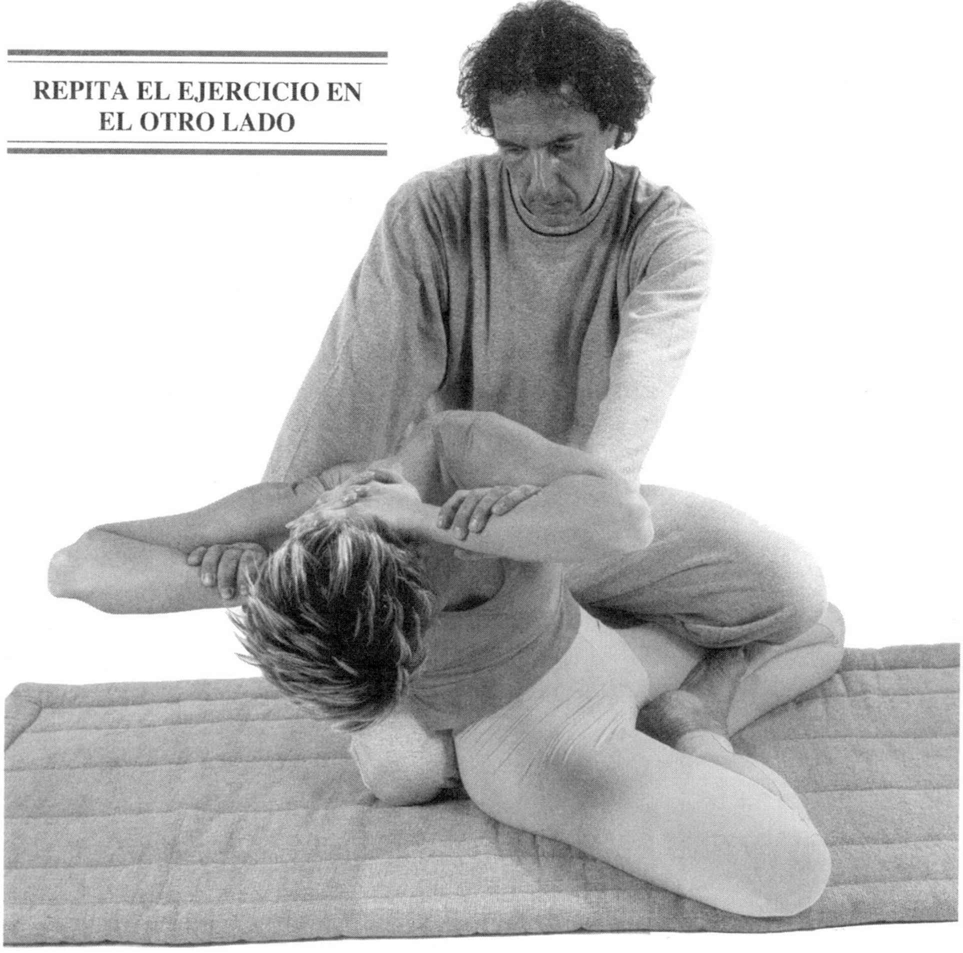

fig. 2

Los beneficios del tratamiento

- Es eficaz en el tratamiento de los dolores lumbares.
- Realinea las vértebras lumbares.
- Aumenta la flexibilidad de la columna vertebral.

! No repita el movimiento más de 2-3 veces en cada lado. A menudo sentirá «crujir» las vértebras lumbares.

Extensiones de la espalda

! En los tres ejercicios siguientes ponga atención en no comprimir la columna vertebral.
Muy a menudo sentirá «crujir» las articulaciones.

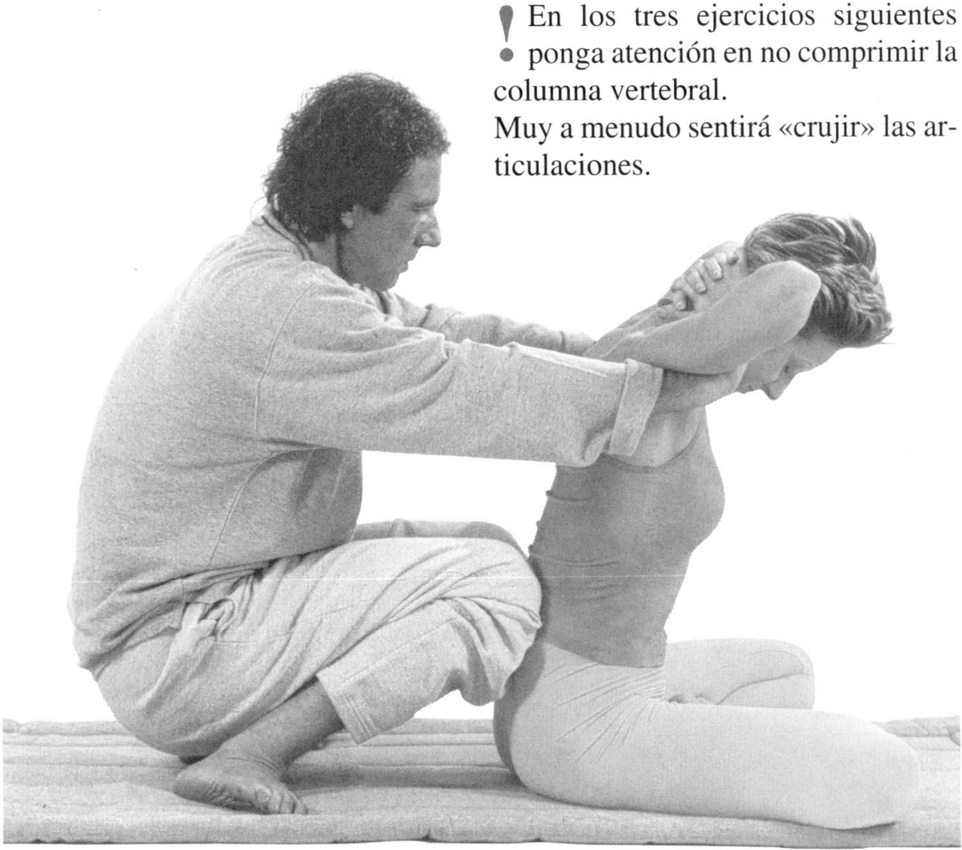

fig. 1

- *Aferrando las muñecas del paciente, agáchese manteniendo la planta de los pies pegados al suelo.*
- *Empuje hacia adelante al paciente apoyando las rodillas en la parte baja de la espalda a los lados de la columna vertebral (fig. 1).*

- *Dejándose ir hacia atrás, tire del paciente hacia usted haciendo flexionar su espalda contra sus rodillas (fig. 2).*

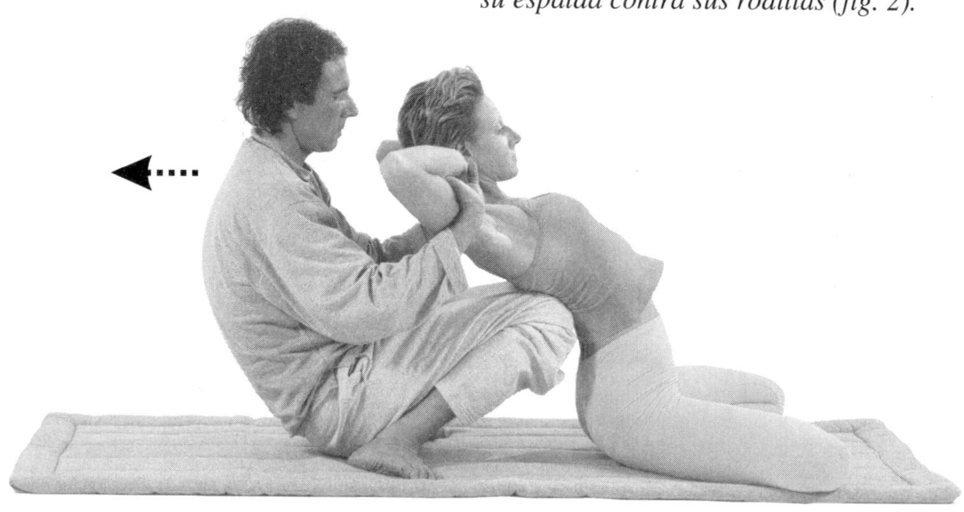

fig. 2

- *Empuje nuevamente hacia adelante al paciente y desplace sus rodillas apenas un poco más arriba, hasta llegar de manera progresiva a los omóplatos, repitiendo el movimiento de tracción más veces (fig. 3).*
- *Al ir hacia adelante y hacia atrás trate de usar el cuerpo del paciente como contrapeso y sus rodillas como punto de apoyo.*

fig. 3

- *Mantenga la postura agachada y cruce los brazos del paciente a la altura del pecho.*
- *Aférrele las muñecas y apoye sus rodillas en la parte baja de la espalda (fig. 4).*

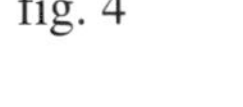

fig. 4

- *Oscilando ligeramente hacia atrás con su cuerpo, presione la espalda del paciente contra sus rodillas (fig. 5).*

fig. 5

- *Repita el movimiento anterior colocando cada vez más arriba las rodillas hasta llegar a los omóplatos (fig. 6).*

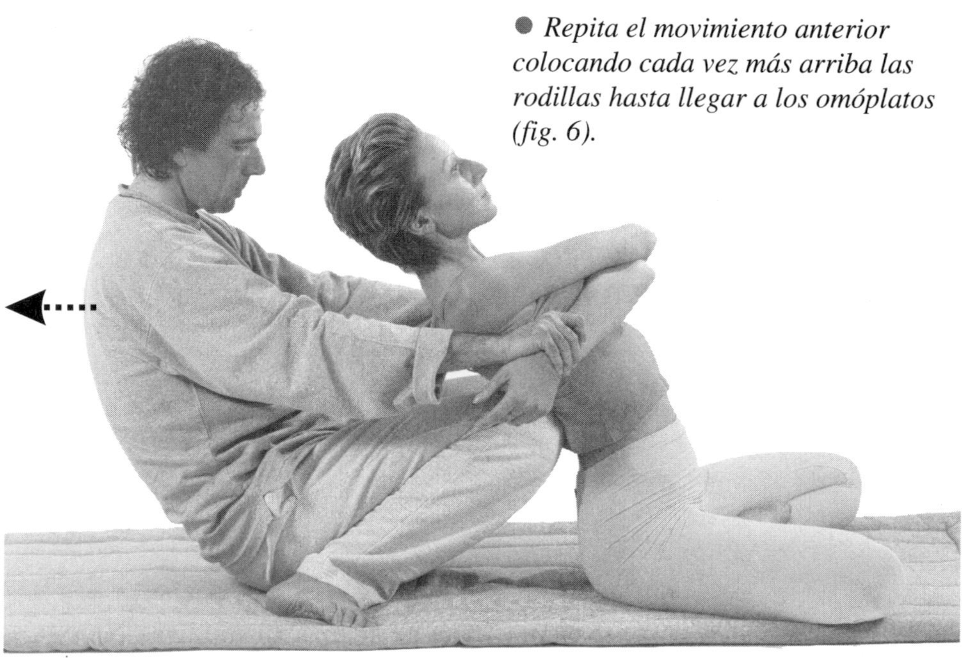

fig. 6

- *Siéntese detrás del paciente, entrecruce sus muñecas con las de él en un asimiento recíproco.*
- *Mantenga los pies paralelos y apóyelos a los lados de la columna vertebral.*
- *Calcule su distancia del paciente de manera que las piernas permanezcan ligeramente flexionadas (fig. 7).*

fig. 7

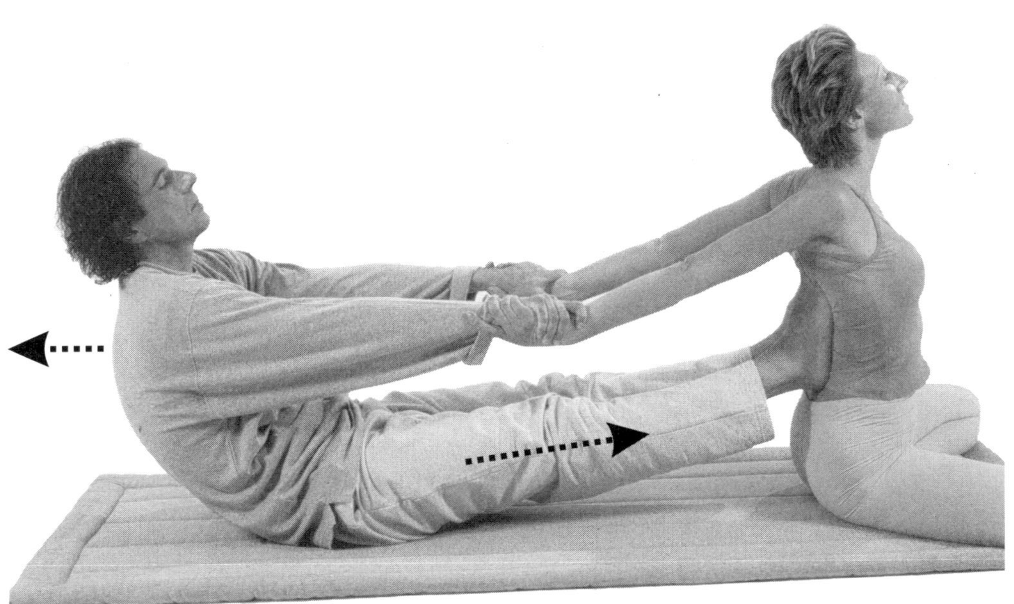

fig. 8

- *Dejándose caer hacia atrás, tire ligeramente del paciente hacia usted manteniendo los brazos estirados. Al mismo tiempo extienda sus piernas para flexionar la espalda del paciente (fig. 8).*
- *Repita el movimiento recorriendo con sus pies toda la superficie de la espalda, hacia arriba y hacia abajo.*

Los beneficios del tratamiento

- Realinea la columna vertebral.
- Disminuye las tensiones musculares.
- Alivia los dolores en la parte dorsal de la espalda.
- Es útil para la prevención y la curación de lordosis dorsales y cifosis lumbares.
- Mejora la flexibilidad de las articulaciones de los hombros.

Estiramiento de los hombros

- *Póngase en pie y pida al paciente que cruce las manos detrás del cuello.*
- *Apoye la parte lateral exterior de su pierna derecha en la espalda, manteniéndola firme, y aferre los brazos del paciente.*
- *Desplazándose ligeramente hacia atrás, tire del paciente al mismo tiempo hacia usted y hacia arriba, flexionando la espalda contra su pierna.*
- *Mantenga los brazos bien estirados.*
- *Repita el movimiento.*

! En caso de que el paciente sienta dolores agudos en el hombro, suspenda el ejercicio.

Los beneficios del tratamiento

- Recoloca en su posición las articulaciones de los hombros.
- Previene la periartritis del hombro.
- Relaja las tensiones musculares del trapecio.

Torsión espinal

- *Colóquese junto al paciente y apoye su pie derecho sobre la pierna derecha de él.*
- *Aferre con su mano izquierda el codo izquierdo del paciente y apoye su mano derecha en el hombro derecho de él.*
- *Haga que el paciente realice la torsión de la espalda empujando con la mano derecha y tirando con la izquierda.*
- *Ayúdele en el impulso con su rodilla.*

REPITA EL EJERCICIO EN EL OTRO LADO

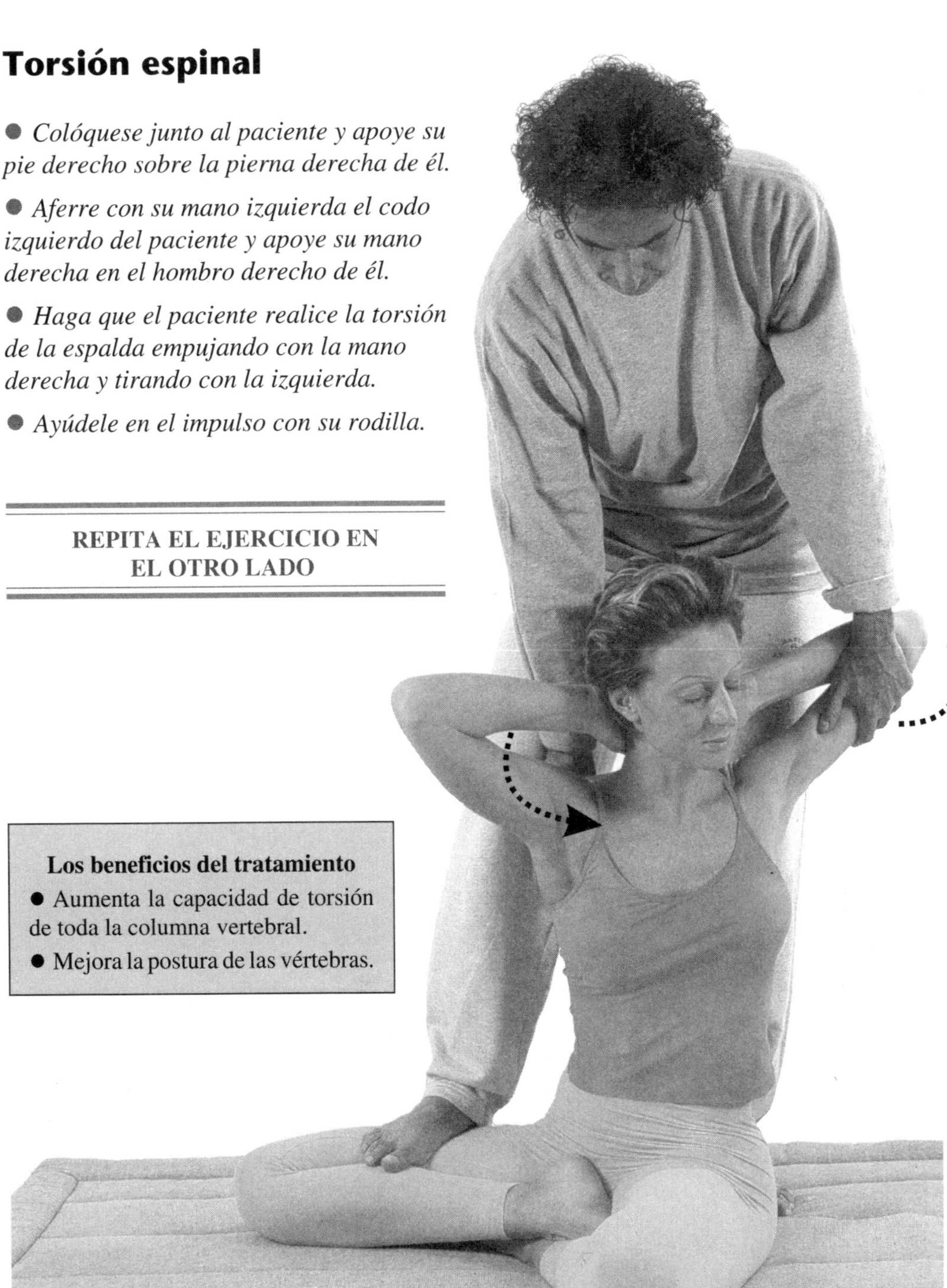

Los beneficios del tratamiento

- Aumenta la capacidad de torsión de toda la columna vertebral.
- Mejora la postura de las vértebras.

Arco de lado

- *Colóquese cerca del lado izquierdo del paciente y pídale que apoye la mano izquierda en su oreja con los dedos dirigidos hacia arriba y la mano derecha en el costado izquierdo.*
- *Apoye su pierna izquierda en la pierna izquierda del paciente.*
- *Empuje con la mano derecha el codo izquierdo del paciente y con la izquierda tire hacia usted del codo derecho, para provocar una flexión lateral del busto.*
- *Devuelva el busto del paciente a la posición erecta.*

Los beneficios del tratamiento

- Aumenta la capacidad de torsión de toda la columna vertebral.
- Mejora la postura de las vértebras.

REPITA EL EJERCICIO EN EL OTRO LADO

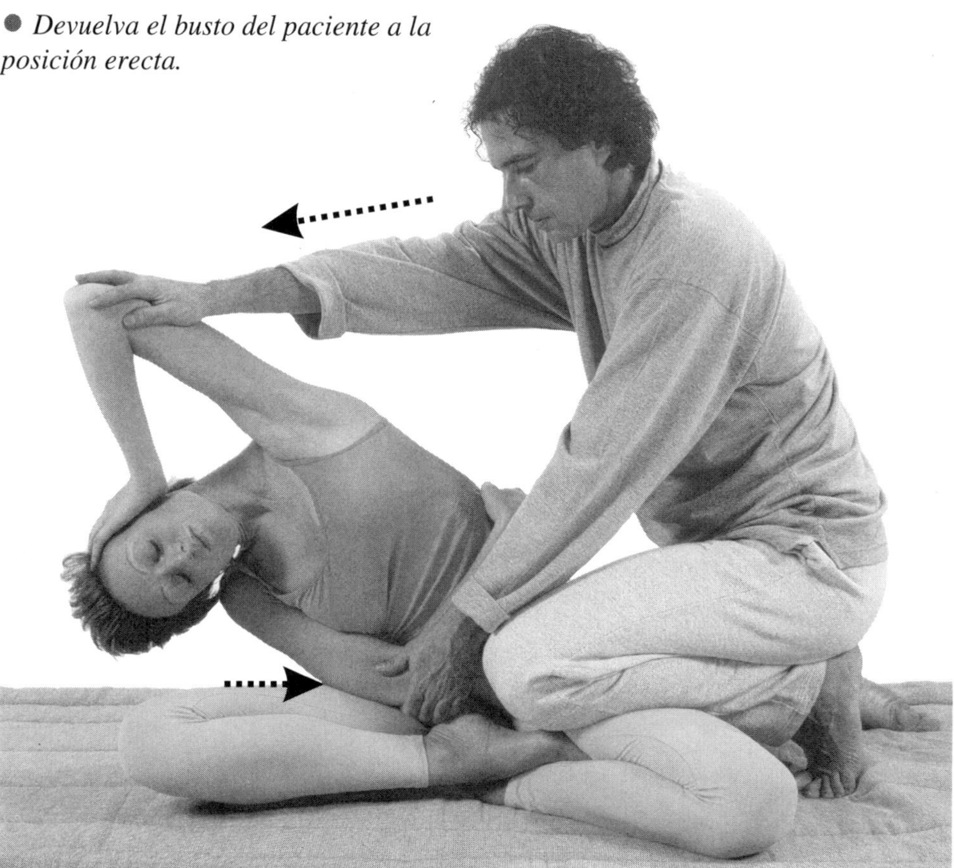

Línea del cráneo

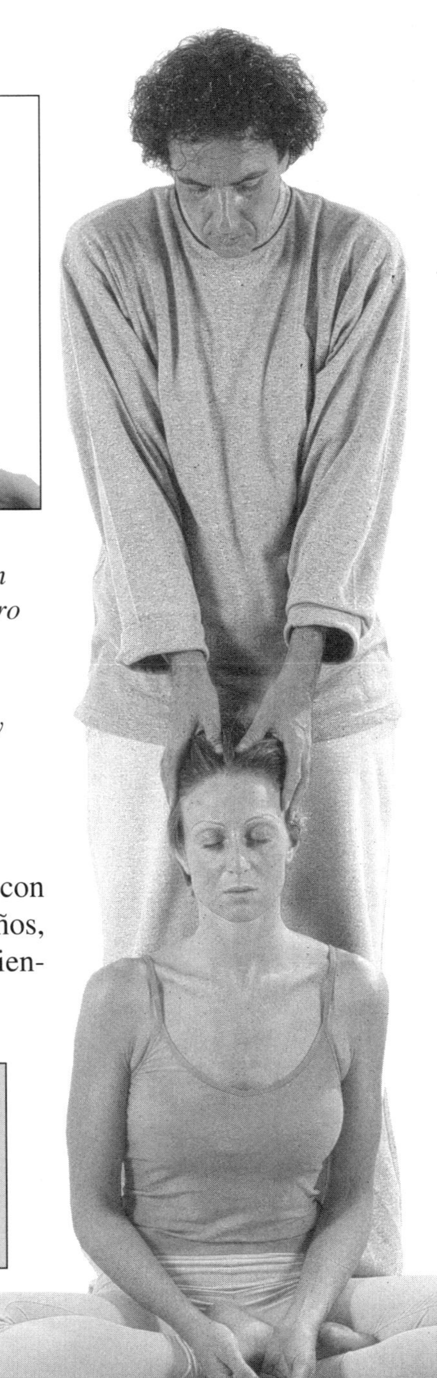

- *Póngase en pie y realice con los pulgares uno al lado del otro la digitopresión de la línea central de la cabeza.*
- *Empiece cerca de la frente y llegue hasta cerca del cuello.*
- *Vuelva hacia atrás.*

! No practique esta técnica con niños menores de 10 años, pues su cráneo no es lo suficientemente sólido.

Los beneficios del tratamiento

- Disminuye las tensiones craneales y alivia las cefaleas que se derivan de éstas.

Presión de la línea de los omóplatos

- *Pídale al paciente que extienda las piernas hacia adelante con las rodillas ligeramente flexionadas.*
- *Con la parte superior de sus antebrazos empuje hacia adelante la espalda del paciente presionando al mismo tiempo ambas líneas de los omóplatos.*
- *Recorra la línea hacia adelante y hacia atrás.*
- *Al término de cada presión haga círculos en el tendón paralelo a los omóplatos girando su antebrazo.*

! Ponga atención en no comprimir la columna vertebral y los omóplatos.

Los beneficios del tratamiento

- Relaja los músculos de los hombros.

Posición apoyada

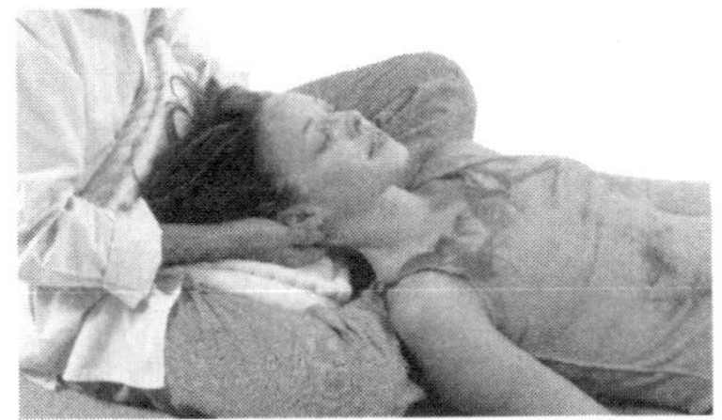

Presión de la línea cervical
Estiramiento y torsión del cuello
Líneas de la cara
Línea de las orejas
Desbloqueo del canal auditivo
Sienes

Presión de la línea cervical

- *Apoye los dedos de las manos (salvo los pulgares) sobre los tejidos blandos en la base del cráneo.*
- *Usando el peso de la cabeza del paciente, presione con los dedos la línea de las cervicales llevando con suavidad la nuca hacia usted. Repita lenta y rítmicamente el movimiento varias veces.*

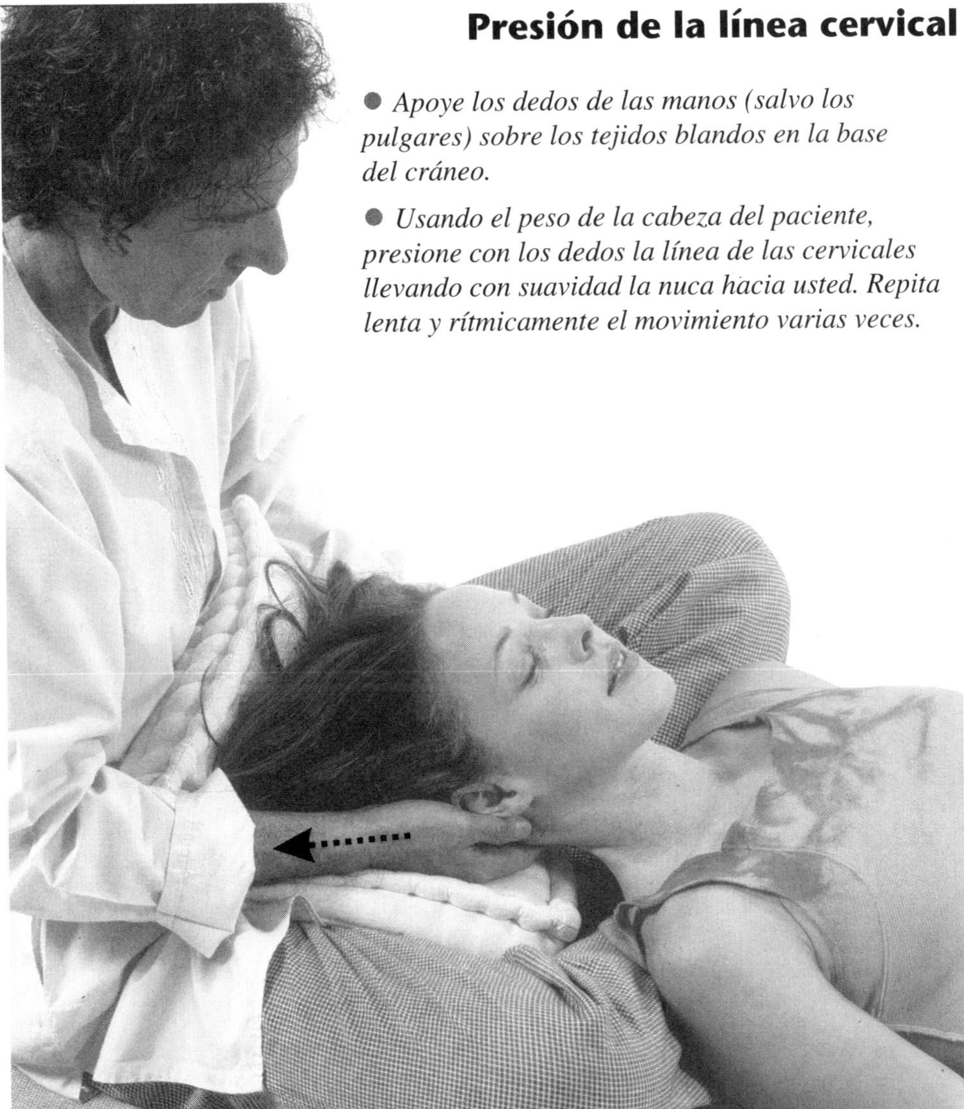

! Deberá poder sentir que su presión estira con suavidad el cuello del paciente. No comprima los huesos del cráneo.

Los beneficios del tratamiento

- Relaja el cuello y la zona cervical.
- Alivia las hemicráneasar.

Estiramiento y torsión del cuello

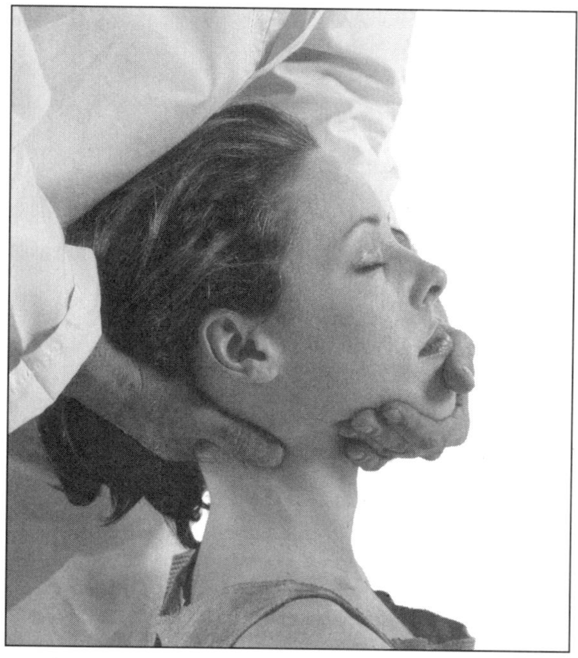

fig. 1

- *Aferre con la mano derecha el cuello y la nuca del paciente tratando de obtener un asimiento muy sólido (fig. 1).*

- *Apoye la mano izquierda debajo del mentón.*
- *Con la derecha lleve con fuerza la cabeza del paciente hacia usted y, con la izquierda, tire del mentón lo suficiente para que el cuello no se doble hacia adelante (fig. 2).*

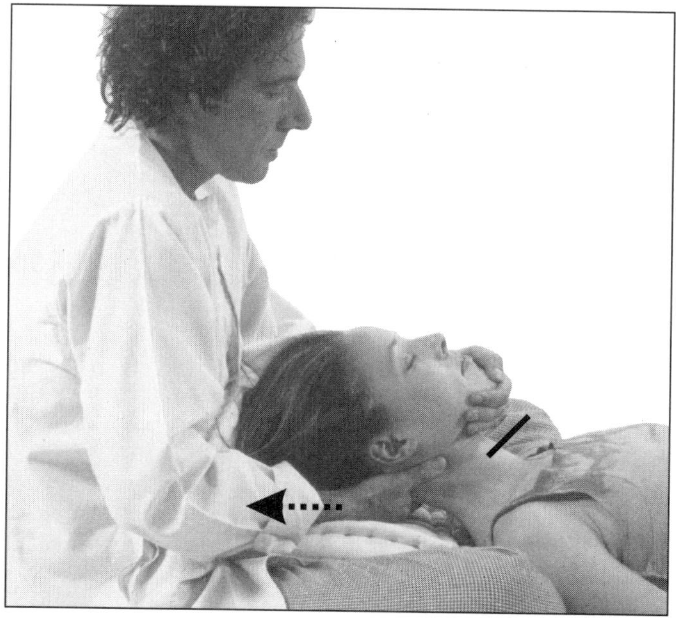

fig. 2

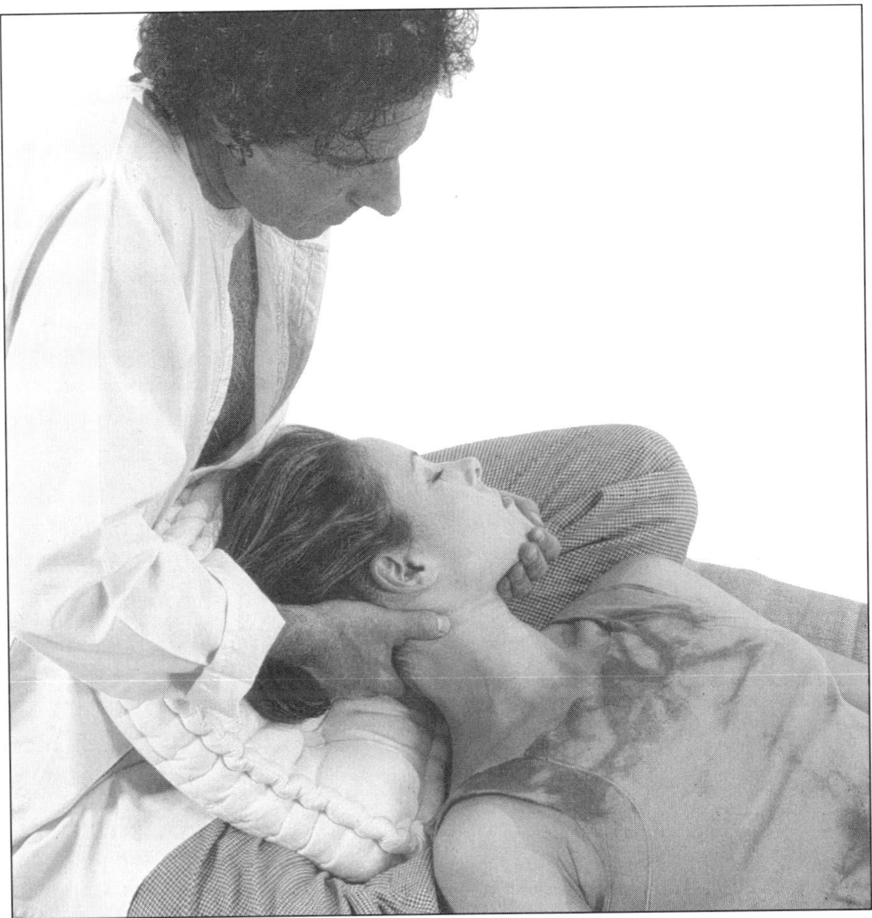

fig. 3

- *Mantenga el cuello estirado unos instantes y, sin disminuir la tensión, gire la cabeza hacia la izquierda hasta que encuentre una fuerte resistencia (fig. 3).*
- *Enderece la cabeza y disminuya poco a poco el estiramiento.*

INVIERTA LAS MANOS Y REPITA EL EJERCICIO EN EL OTRO LADO

! La mano que acompaña el mentón estabiliza el movimiento de la cabeza manteniéndola en el eje. No tire del mentón más de lo necesario.

Los beneficios del tratamiento

- Es eficaz para el tratamiento y la prevención de las patologías derivadas del aplastamiento de los vértebras cervicales pues las separa y las recoloca en su posición.
- Alivia los dolores cervicales.
- Relaja los músculos del cuello.

Líneas de la cara

● *Efectúe la digitopresión de los puntos marcados en negro en la figura 1 y friccione delicadamente la primera de las seis líneas partiendo del centro del rostro y yendo hacia el exterior (fig. 2).*

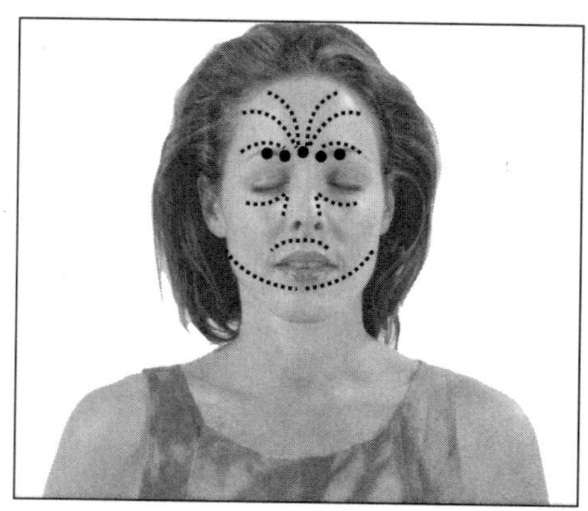

fig. 1

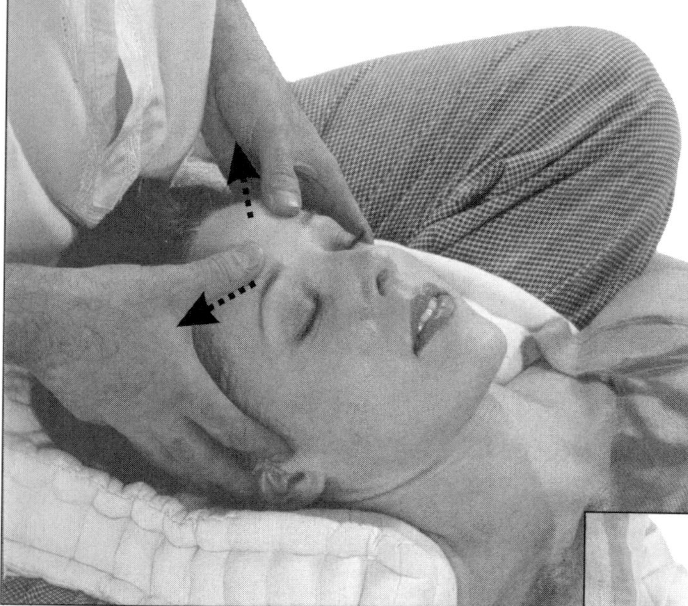

fig. 2

● *Apoye los dedos medios de las manos en el centro del mentón y fricciónelo delicadamente hacia las mejillas.*

● *En este momento, masajee los tejidos blandos de las mejillas con un movimiento rotatorio (fig. 3).*

Los beneficios del tratamiento

- Relaja la musculatura del rostro.
- Alivia el dolor de cabeza.

fig. 3

Línea de las orejas

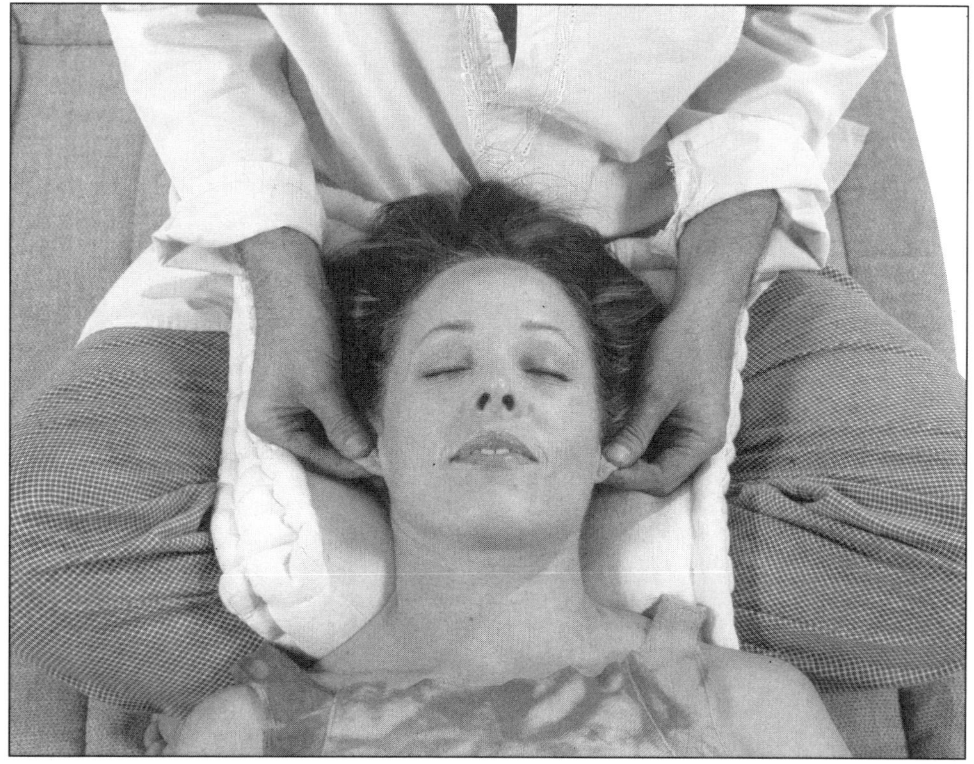

- *Usando el pulgar y el índice, presione la parte exterior del pabellón auricular de ambas orejas.*
- *Recorra la línea hacia adelante y hacia atrás.*

Los beneficios del tratamiento

- Estimula numerosos puntos reflejos correspondientes a otros tantos órganos internos.

Desbloqueo del canal auditivo

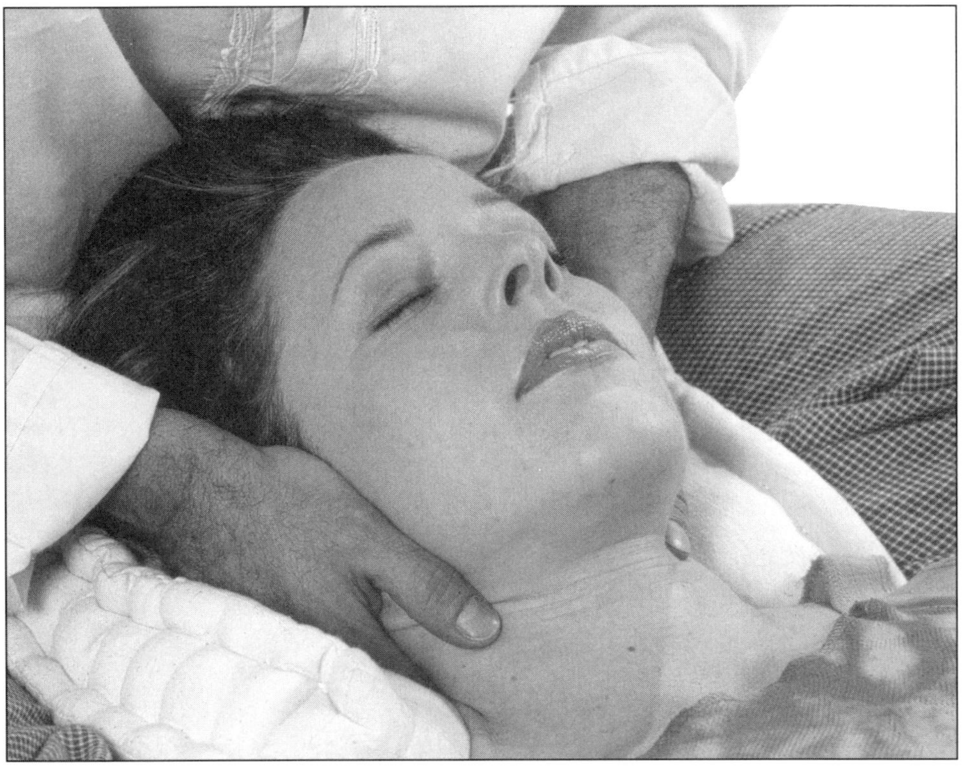

- *Con la zona del carpo presione al mismo tiempo ambas orejas de manera de crear un vacío en su interior.*
- *Mantenga la presión durante 10 segundos y suelte de golpe.*

Los beneficios del tratamiento

- El efecto ventosa de esta técnica desbloquea y limpia el conducto auditivo.

Sienes

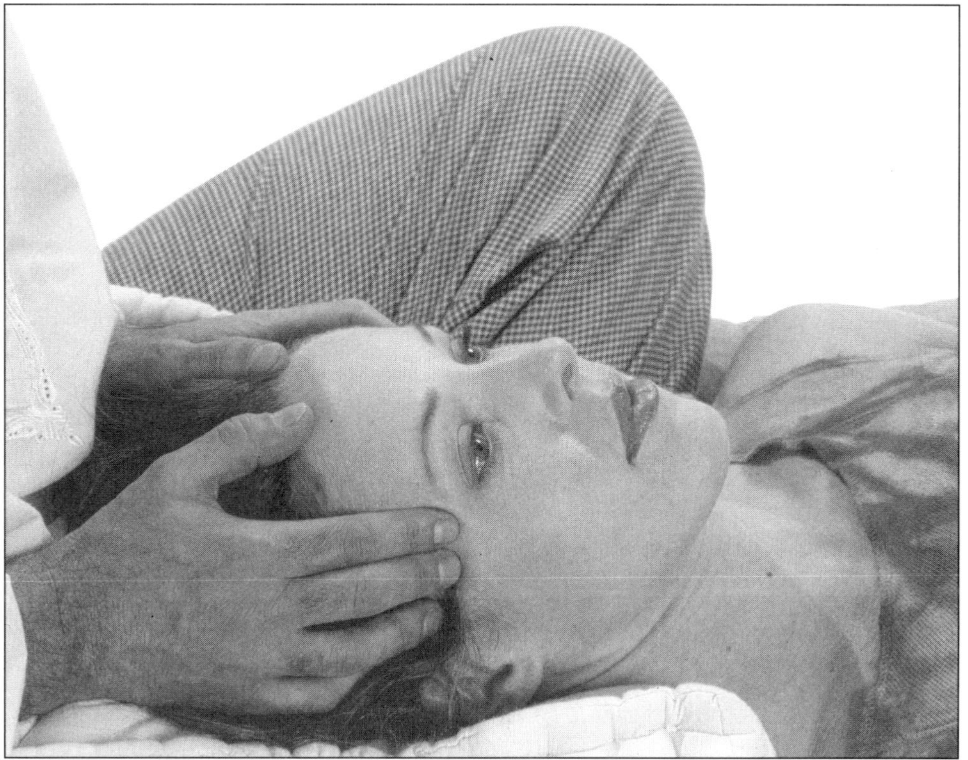

● *Con los dedos presione las sienes efectuando un movimiento rotatorio en el sentido de las agujas del reloj durante algunos segundos.*

Los beneficios del tratamiento

● Está indicado para los dolores de la parte temporal de la cabeza (aro de la cabeza) y es adecuado para aliviar otras formas de cefalea.

Una hora de masaje para un tratamiento completo

Si se elige entre las técnicas expuestas en este volumen es posible realizar un tratamiento completo con una duración total de aproximadamente una hora. Es la secuencia que puede adoptarse cuando se dispone de poco tiempo y el paciente no presenta molestias especiales.

Los ejercicios deben interpretarse de la siguiente manera: el número que acompaña al título del tratamiento se refiere a la página de inicio. Las partes elegidas se indican con el número entre paréntesis de la figura correspondiente. Si no aparece ningún número significa que el ejercicio debe realizarse por entero. Recuerde repetir los ejercicios a ambos lados.

Posición supina 1

Líneas del pie, *53*
Líneas interiores de la pierna (4, 5), *55*
Presión de la primera línea exterior de la pierna, *59*
Despegue dorsal del pie, *61*
Presión exterior plegada, *66*
Torsión lumbar, *68*
Bicicleta, *69*
Windsurf, *70*
Palanca, *72*
Estiramiento de la pantorrilla, *73*
Parada circulatoria de la pierna, *75*
Levantamiento, *85*

Posiciones de lado

Línea del omóplato, *96*
Torsión de la columna vertebral, *97*
Media langosta de lado (1, 2, 3), *99*

Posición prona

Línea posterior de la pierna (4), *105*
Estiramiento del cuádriceps, *114*
Estiramiento del pie, *116*
Langosta, *119*
Presión de la espalda, *121*
Línea de la espalda, *123*
Cobra, *126*

Posición supina 2

Balanceo, *133*
Medio balanceo (1, 3), *134*
Flexión longitudinal de la pierna, *136*
Vela pasiva, *137*
Estiramiento cruzado de las piernas, *139*
Levantamiento sentado, *140*

Posición sentada

Despegue de los omóplatos (1, 2), *145*
Línea del trapecio, *147*
Línea del cuello, 151
Línea cervical, *154*

Posición apoyada

Tratamientos destinados a la curación de las molestias más comunes

Si el masaje se propone aliviar molestias precisas es conveniente recurrir a una secuencia adecuada. A continuación se encontrarán las técnicas más eficaces para la curación de las molestias más comunes. Si tiene tiempo, integre las secuencias adecuadas en un tratamiento dirigido a todo el cuerpo. Así aumentará su posibilidad de éxito.

Los ejercicios deben interpretarse de la siguiente manera: el número que acompaña al título del tratamiento se refiere a la página de inicio. Las partes elegidas se indican con el número entre paréntesis de la figura correspondiente. Si no aparece ningún número significa que el ejercicio debe efectuarse por entero. Recuerde repetir siempre los ejercicios en ambos lados.

Dolor de cabeza y dolores cervicales

Posiciones de lado

Línea del omóplato, *96*

Posición prona

Langosta, *119*
Líneas de la espalda, 123

Posición sentada

Despegue de los omóplatos
(hay que repetirlo varias veces), *145*
Líneas del trapecio
(hay que repetirlo varias veces), *147*
Líneas del cuello
(hay que repetirlo varias veces), *151*
Extensiones del cuello, *155*
Línea del cráneo, *169*
Presión de la línea de
los omóplatos, *170*

Posición apoyada

Presión de la línea cervical, *173*
Estiramiento y torsión
del cuello, *174*
Líneas de la cara, *176*
Sienes, *179*

Dolor de espalda y dolores lumbares

Posición supina 1

Torsión lumbar, *68*
Bicicleta, *69*
Windsurf, *70*

Posiciones de lado

Posición prona

Posición supina 2

Posición sentada

Dolores articulares

Efectúe la digitopresión y la presión de todas las líneas próximas a la articulación dolorida. Realice las manipulaciones de estiramiento con suavidad.

Dolores en la parte interior de la rodilla

Dolores de codo

Dolores de hombros

Direcciones útiles

Brillo del Sol (Centro de Zen Shiatsu y de MasajeTailandés Nuad Bo-rarn). Sinclair 2949 Piso 2 A - Capital Federal. Argentina. Email: brillodelsol@hotmail.com; tel.: 011 4464-2448.

Foundation of Shivago Komarpaj Old Medical Hospital, Wualai Road, Ciang Mai, Tailandia.

Heilpraktiker, Institut. Paseo de Gracia, 59, 2.º - 08007 Barcelona. Tels. 93 215 50 60 - 93 487 36 68 Fax 93 487 49 27. Email: info@heilpraktiker.es.

Kinetena, Escuela de masaje tradicional tailandés y terapias alternativas. Apartado de Correos 31078, 08080-Barcelona, España. Tel./fax: 932 92 4485.

Nuad Bo-rarn (Masaje Tailandés). Email: masajetai@yahoo.es. Página web: www.masajetailandes.com.

René. Email: shiatsuren@terra.es. Barcelona (España).

Shiatsunuad, Escuela (Valerie Gaillard). Juramento 1695, Ciudad de Buenos Aires , Buenos Aires (Argentina); tel. (5411) 4783-2124. Email: compartir@shiatsunuad.com.ar.

Wat Po, Thai Traditional Massage School, 2 Sanamchai Road, Bangkok, Tailandia.

Índice